# LAS CASAS AS A BISHOP

## *LAS CASAS, OBISPO*

los oydores del consejo menester // o que xpianos y
parecen que por no se pueden bien mostrar
nobrar / de veras y sera bien
que el cauallero

para los obispados vacos que son

- el de xalapa
- mechoacan
- cuz
- venecuela
- Comayagua

en la nueva españa estan que por el peligro de la
orden de sant francisco que son

- fray antonio de ayala defe
- fray frco ximenez
- fray franco de cuz
- fray diego

y otros que se tiene muy buena fe dellos

y tambien parecer que seria bien poner de frayles
de las casas que muy bien otros y
a dos estos no bastara sino que
cumplidos que viene de en. g.

# LAS CASAS AS A BISHOP

A new interpretation
based on his holograph petition in the
Hans P. Kraus Collection
of Hispanic American Manuscripts

# *LAS CASAS, OBISPO*

*Una nueva interpretación a base de
su petición autógrafa en la
Colección Hans P. Kraus
de Manuscritos Hispanoamericanos*

by/*por* Helen Rand Parish

LIBRARY OF CONGRESS WASHINGTON 1980

**Library of Congress Cataloging in Publication Data**

Parish, Helen Rand.
  Las Casas as a bishop.

  Spanish and English.
  Bibliography: p.
  Includes index.
  1. Casas, Bartolomé de las, Bp. of Chiapa, 1484–1566.
2. Bishops—Mexico and Central America—Biography.  I. Title.  II.
Title: Las Casas, obispo.
E125.C4P35      972'.02'0924  [B]      76-608204
ISBN 0-8444-0195-1

Frontispiece

THE FIRST MOVE TO MAKE LAS CASAS A BISHOP
Presided over by Cardinal Loaysa, members of the commission in charge
of drafting the New Laws begin to discuss episcopal appointments.
(Notes from Kraus manuscript 138, see the appendix.)

*La Portada*

*EL PRIMER PASO PARA HACER OBISPO A LAS CASAS*
*Bajo la presidencia del Cardenal Loaysa, miembros de la comisión
encargada de formular las Nuevas Leyes empiezan a discutir nombramientos episcopales.*
*(Apuntes del manuscrito Kraus 138, véase el apéndice.)*

For sale by the Superintendent of Documents, U.S. Government Printing Office
Washington, D.C. 20402

# Contents

## Introduction

## Kraus Manuscript 139

v

# Foreword

This work is an edition of Kraus manuscript 139, a letter written by Fray Bartolomé de las Casas shortly before he left Spain to take up his duties as bishop of Chiapa in the New World. The letter is from the Hans P. Kraus Collection of Hispanic American Manuscripts, presented to the Library by Mr. Kraus in 1969.

Written in the hand of Las Casas, the letter is addressed to Emperor Charles V, who was also King Charles I of Spain, and reveals a great deal about the New World, as seen by Las Casas. He requests certain powers and privileges for himself and his office and outlines the conditions that will enable him to succeed in his episcopal role. The marginal notations showing the response of the Council of the Indies, the body which acted for and with the Spanish king in matters concerning the New World, increase the documentary value of the letter.

The letter is reproduced in facsimile, with a transcription and an English translation of the Spanish text. In an introductory interpretation of the letter, Helen Rand Parish places it within the full context of the life and work of Fray Bartolomé de Las Casas.

Mary Ellis Kahler
Chief
Hispanic Division

# Preface

Controversy has flourished for four centuries over why Bartolomé de las Casas accepted a bishopric and how he supposedly failed at his episcopal duties. Opinions have ranged from the bitter remarks of certain contemporaries in the sixteenth century, to the panegyrics of later monastic chroniclers, to criticisms, speculations, or defenses by scholars in our own times.

The present study offers a new interpretation of this controversial episode based on an original document, in Las Casas' own handwriting, which is preserved in the Hans P. Kraus Collection of Hispanic American Manuscripts in the Library of Congress. The petition of Bishop-elect Las Casas to the emperor Charles V is the most important single document in a group of seventeen original sixteenth-century papers concerned with the government of Spain's colonial empire in the New World. The remaining documents of this codex, Kraus manuscripts 123–38, will be transcribed and analyzed in a subsequent publication. But number 17, Kraus manuscript 139, is of such significance that it is offered here in a separate edition, with historical introduction, complete facsimile, transcription, and English translation.

This petition reveals Fray Bartolomé's own plans for his bishopric—our first authoritative insight into his thinking upon assuming the miter. Equally important, it permits a rigorous reexamination of his entire episcopal interlude based upon fresh data, concerning circumstances, ideas, events, and persons. This reveals that, despite many frustrations, he achieved notable institutional, political, and practical results. Finally, the petition relates this new picture of Las Casas as a bishop to recent discoveries concerning his other ecclesiastical efforts, thereby illumining a little-known key area in his lifelong fight for the American Indians.

Just as the petition does not stand alone, neither does this essay. I have incurred many debts during a quarter century of research on Bartolomé de las Casas, and special thanks go to the following individuals and institutions: the late Howard F. Cline, longtime director of the Hispanic Foundation at the Library of Congress; George P. Hammond, director emeritus of the Bancroft Library at the University of California; and the microfilm department of the Bancroft Library, which has for decades procured Las Casas-related manuscripts for me in the Archives of the Indies and other depositories in Spain, France, England and America. For the present volume, Fray Gonzalo Bernabé Ituarte, O.P., painstakingly prepared the Spanish version of this monograph. And a whole corps of editors and bibliographers generously contributed their considerable skills: J. Benedict Warren of the University of Maryland; and Mary Ellis Kahler, Iris Bodin, and Ruth Freitag of the Library of Congress. Finally, I am grateful to the American Philosophical Society for grants from the Johnson and Penrose funds which enabled me to undertake the first serious search for Las Casas-related manuscripts in the Archivio Segreto Vaticano and other less-frequented European archives—a search that has yielded important new information for understanding Kraus manuscript 139 and reinterpreting Bartolomé de las Casas' contribution as bishop of Chiapa.

Helen Rand Parish
Berkeley, California

# The Circumstances:

## *How Las Casas became a bishop*

Bishop-elect Bartolomé de las Casas must have been in a great hurry when he sat down to write a petition to Emperor Charles V asking for certain faculties, jurisdictions, and other assistance for his diocese of Chiapa. In the abbreviated style of the times, he began his petition with mere initials, "S.C.C.M." [Sacred Caesarean Catholic Majesty]. He covered three sheets of paper on both sides, writing tightly and rapidly, one could almost say scribbling, so extreme are the marks made in haste—words blotted and written over, one section crossed out, another started and abandoned, and yet another inserted as an afterthought; the entire text studded with abbreviations, far in excess of his usual shorthand and the confines of protocol. Seemingly, there was no time to make a fair copy; he added only a clean sheet with a closing salutation and his signature. Were it not for the official comments in the margins and the docketing marks on the back cover, the entire petition could be mistaken for a first draft.[1]

When and why was Fray Bartolomé writing with such unseemly haste to the Holy Roman Emperor? The petition is undated, but it contains several very clear indicators for precise dating. Most important, Las Casas throughout refers to himself as the "bishop-elect"—a title that can be confusing. But according to canon law, there was only one moment when he, as a Dominican friar, could begin to use such a title: upon receiving formal permission from his religious superior—in his case it was an order—and officially accepting the emperor's nomination as bishop of Chiapa.[2] Fortunately, there is now ample contemporary evidence to detail and date all the circumstances involved. Along with the petition itself, this data will provide an authoritative answer to the age-old question of how and why Las Casas became a bishop.

In 1542 and 1543, at a high point of his career, a reluctant Bartolomé de las Casas was persuaded to accept an American bishopric. A newly discovered document, establishing the correct date of his birth, suggests that he was then at his vigorous prime, approaching sixty, and not nearing seventy as has been mistakenly assumed. He had been a Dominican friar for two decades, a priest for three and a half, an American colonial for four. For nearly twenty-seven years he had been fighting in defense of the Indians—first at court as a reform cleric and would-be colonist, next as a friar and missionary in the New World, and then once

again at court as a preeminent counselor. His activities in those years were much more extensive than any of his biographers has realized. Starting with the Hieronymite Commission in 1517, Las Casas had advocated, initiated, or helped draft virtually every reform measure and institution: legislation for peasant emigration; the office of protector of the Indians; the basic alternative to the encomienda, the corregimiento or crown town, which made the Indians free and direct vassals of the king; the first ordinance against Indian slavery; the main treatise on (and a practical application of) peaceful conversion and reduction of the natives in lieu of armed conquest; the major papal pronouncements on the liberty and conversion of the Indians; and finally, his supreme effort, the "laws and ordinances newly made for the government of the Indies and good treatment and preservation of the Indians"—the celebrated New Laws promulgated in late 1542 by Emperor Charles V and amended and officially printed in mid-1543.[3]

But even without this expanded view of his career, it has always been common knowledge that from 1542 to 1543 Fray Bartolomé was at the peak of his influence with the emperor. Under these circumstances, it was perfectly natural that he should be elevated to an American bishopric.

The basic narrative of how Las Casas was offered the episcopal dignity—which he first declined and finally accepted—is supplied by Fray Antonio de Remesal, a diligent chronicler. A further episode is provided in Fray Bartolomé's testimony for the Inquisition trial of Carranza de Miranda. Here, then, is Remesal's version, with the dates and the additional episode inserted:

In Barcelona, where he had thanked the emperor for issuing the New Laws of November 20, 1542, Las Casas was visited one Sunday afternoon by Francisco de los Cobos, the imperial secretary, who brought him "the cedula of bishop of Cuzco" and His Majesty's pleas to accept it. Charles V was not acting on his own but had been "incited and moved" by the Council of the Indies. Dismayed, Fray Bartolomé merely expressed conventional thanks but refused to accept the cedula on the pretext that he would have to consult his superiors. Word of his refusal spread and Las Casas, insisting upon his unworthiness, left the city.

Fray Bartolomé apparently rejoined the court on its travels, going first to Valencia in December, then on to Madrid for the opening months of the new year. And in

For full details on publications cited and a list of the abbreviations used, see the appropriate sections of the Classified Bibliography.

1. Kraus ms. no. 139 consists of two *pliegos* or four leaves, 31.9 by 22.2 cms., the last containing the signature (recto) and cover (verso).

2. For the steps from election to consecration, see Enrique D. Dussel, *Les Évêques hispano-américains*, pp. 32–33; for the confusion, Henry Raup Wagner and Helen Rand Parish, *The Life and Writings of Bartolomé de las Casas*, pp. 121–22 and n. 2; for the canonical aspect, Antonio Ybot León, *La iglesia y los eclesiásticos españoles en la empresa de Indias*, 2:177–79, discussing "los obispos frailes y las prerogativas pastorales ante sus votos."

3. This resumé anticipates new data from Helen Rand Parish, *The Rediscovery of Las Casas*. Las Casas' traditional birth date of 1474, basis of the supposed Fifth Centennial of 1974, is erroneous. On the discovery of a new document, establishing his birth in 1484 or 1485—a September 19, 1516, deposition by the cleric Las Casas for the Nicuesa vs. Colón lawsuit (Archivo General de Indias, Justicia 1)—see Helen Rand Parish and Harold E. Weidman, "El nacimiento de Las Casas," *ABC*, September 3, 1975:4. Additional evidence establishes the most probable date of birth as November 11, 1484. See in toto Helen Rand Parish and Harold E. Weidman, "The Correct Birthdate of Bartolomé de las Casas," *Hispanic American Historical Review* 56 (August 1976): 385–403, especially 397–401.

January or February, at the request of the Council of the Indies, Las Casas tried to persuade his friend Carranza, then teaching at the Dominican College of San Gregorio in nearby Valladolid, to accept the Cuzco see. Carranza also refused, and a third Dominican, Fray Juan Solano, was ultimately "presented" for Cuzco on March 1.

But Las Casas himself was not to escape the miter. For now "Cardinal Don Fray García de Loaysa and the Council of the Indies, with the desire they had to put Father Fray Bartolomé in the dignity," insistently offered him the vacant Chiapa see. And in a concerted campaign, directly and through the masters of the College of San Gregorio, by the sheer "multitude of entreaties, arguments, exhortations, admonitions, examples, and assurances of public opinion," they persuaded Bartolomé de las Casas to accept this bishopric. (Although he was "advised" and "presented" on March 1, he resisted for months; a cedula of July 6 finally commanded the provincial to "order" his acceptance.) [4]

In addition to this cedula, Remesal's version is supported by three other dependable sources: two of Fray Bartolomé's letters and an earlier chronicle. [5] New manuscript confirmation is presented in the frontispiece of this study—minutes of a Barcelona meeting, in October–November 1542, of the Commission drafting the New Laws. Presided over by Cardinal Loaysa, a committee advises that "Fray Bartolomé de Las Casas, whom His Majesty knows well," be offered a prize bishopric, and that a papal brief may be needed to compel acceptance. (See the frontispiece and appendix of this study.)

These straightforward events have provoked farfetched ancient and modern commentary, but they can now be subjected to a sober factual interpretation.

Why did Las Casas originally decline a bishopric? In the first place, a see in the Indies was not a prize but a hardship. Refusals were not uncommon, and the Cuzco post was plainly dangerous, in view of the Peruvian civil wars. Central American bishoprics were poverty posts, something Fray Bartolomé knew well from his years there; and the Chiapa diocese, being distant from both the Audiencia of Mexico and the newly established Audiencia de los Confines, would tend to be a lawless region presenting severe administrative difficulties in enforcing the New Laws. Even the personal glory was a drawback if Las Casas foresaw that he could be accused of accepting or even seeking a reward for his work. Most of these obvious motives for declining were inferred or pointed out by Remesal in his chronicle. [6]

But there were stronger reasons why Bartolomé de las Casas must have found the honor unwelcome. His letters reveal that he had chafed for many years, as a friar under obedience, from his inability to return to court and champion the cause of the Indians—"the fulfillment of my wishes before I die." [7] Now at last he had managed to return and promote his most sweeping reforms, and he hoped to stay in Spain and continue his main and still-unfinished work.

This is clear from his intense continuing activities at court during the first half of 1543. Although some pieces are still missing, these efforts are now solidly documented. On February 28, Fray Bartolomé presented a joint memorial (cosigned by his companion, Fray Rodrigo del Andrada or Ladrada); two cedulas of March 1 specify that both friars are summoned to advise the council; a note of April 11 directs them to submit in a fortnight an itemized list of points to be considered; Las Casas' actual draft of these points promises to provide further arguments against Indian slavery and conquests; and he did leave an antislavery memorial with the council a little later. This impressive work bore some official fruit in 1543—in the instructions to Licentiate Lopez for the investigation of the House of Trade and the liberation of Indian slaves in Seville, and in the council's amendments to the New Laws issued on June 4. [8]

But above all, this series of efforts provides a clear picture of Bartolomé de las Casas' priorities at that time. Essentially, he was dissatisfied with the New Laws, particularly the Law of Inheritance which left most Indians in encomiendas. The natives could only be made free vassals at some indefinite time in the future, since these encomiendas would only escheat to the crown upon the death of the holders; therefore, he asked for more control over the current abuses of tributes and personal services. He also wanted further commissions or juntas convened, in order to enact stronger

---

4. Antonio de Remesal, *Historia general de las Indias occidentales, y particular de la gobernación de Chiapa y Guatemala,* 1:289–91. On the movements of the court, see Manuel de Foronda y Aguilera, *Estancias y viajes del Emperador Carlos V:* Barcelona, pp. 528–31; Valencia, pp. 532–33; and Madrid, pp. 535, 537–40. On Las Casas' moves, compare his *Obras escogidas,* v. 5, *Opúsculos, cartas y memoriales.* (hereafter cited as *Opúsculos Casas*) , p. xiv, the dating of docs. XIV and XV. The Cuzco cedula was brought to Carranza by Councillor Bernal Díaz de Luco, and Las Casas himself tells of attempting to persuade his friend. (See José Ignacio Tellechea Idígoras, *El Arzobispo Carranza y su tiempo,* t. 2: "Las Casas y Carranza," p. 17 and app. III, p. 56.) For Solano's presentation, see Dussel, *Les Évêques hispano-américains,* app. I, p. 242. Las Casas' own documents are listed in the following: Ernst Schäfer, *El Consejo Real y Supremo de las Indias,* 2:573—the notification; André Saint-Lu, *La Vera Paz,* "Catalogue documentaire et bibliographique" (hereafter cited as *Catalog. Vera Paz),* no. 115—the presentation; and Lewis Hanke and Manuel Giménez Fernández, *Bartolomé de las Casas . . . bibliografía crítica* (hereafter cited as *Bibliog. Casas),* 185—the cedula to the provincial.

5. Thus Las Casas to Philip, November 9, 1545, and Bishop Zumárraga and Fray Domingo de Betanzos to the same on February 2, 1545, citing an earlier letter received from Fray Bartolomé. (See *Opúsculos Casas,* p. 232a; and compare *Colección de documentos inéditos . . . del [Archivo] de Indias* [hereafter cited as *DII*], 13:531.) The earlier chronicler is Fray Juan de la Cruz, whose rare and neglected *Coronica de la Orden de Predicadores* contains the first published biography of Las Casas: lib. 4, cap. 39, "De Fray Bartolomé de las Casas, Obispo de Chiapa." Fray Juan wrote while the elderly Las Casas was still alive and used much word-of-mouth information on contemporaries. He relates (fol. 221 verso) how Fray Bartolomé refused the emperor's offer of the Cuzco see worth 20,000 ducats in revenue and only accepted a bishopric later after much pressure from his reform allies, and then, from the many vacancies, chose the poorest and hardest to govern. Pedro Gutiérrez de Santa Clara, in his better-known *Historia de las guerras civiles del Perú,* 1:40, merely summarizes Fray Juan de la Cruz.

6. Remesal, *Historia de Chiapa y Guatemala,* lib. 4, cap. 13, secs. 2 and 4; also lib. 7, cap. 16, sec. 3.

7. Las Casas to the council, April 30, 1534, and to a court personage, October 15, 1535, *Opúsculos Casas,* pp. 59a, 63, and 68b. He finally returned to court in 1540, after twenty years' absence.

8. See Bartolomé de las Casas, *Tratado de Indias y el Doctor Sepúlveda,* for the February presentation, p. 106; the joint memorial, pp. 106–22; the April note, p. 122; the itemized summary, pp. 122–44; also, Las Casas' promise to submit further memorials, pp. 126, 128–29, 139–40. The March 1, 1543, cedulas and the instructions to López are in *Bibliog. Casas,* nos. 172–75 and 192; the June 4 amendment, in the official printed *Leyes nuevas de Indias.* For Las Casas' account of leaving an antislavery memorial with the council, see Wagner and Parish, *Life and Writings of Las Casas,* "Narrative and Critical Catalogue of Casas' Writings" (hereafter cited as *Catalog. Casas)* , no. 23, last par.

laws against the conquest and slavery of the Indians and thus free illegally enslaved natives. Most pertinently, he recommended the appointment of a general advocate and defender for all Indians to reside permanently at court; undoubtedly, he had himself in mind for this position.[9]

So it seems that the heavy pressure that finally forced him to accept a bishopric and return to the Indies at this very juncture was being deliberately exerted by someone who wished to interrupt and impede him right at the zenith of his career.

Cardinal García de Loaysa, as nearly as can be determined, may have been doing just that. After twenty years as president of the Council of the Indies and three as their actual governor, Loaysa had just been eased out of his vast power, partly as a result of the investigation of the council—instigated mainly by Fray Bartolomé.[10]

This secret inquiry was begun personally by the emperor and completed by the regent, Dr. Figueroa. Two members of the council were found to have taken large bribes: Dr. Beltrán, who had accepted gifts for himself and relatives from Pizarro and other New World personages; and Bishop Suárez de Carvajal, the cardinal's nephew, who had also improperly retained a sum of money received from Almagro. The two guilty councillors were publicly dismissed from office, penalized, and replaced by advocates of reform. Further, all contemporary historians of the affair insinuate that Loaysa himself was implicated, but in view of his high ecclesiastical rank and former position as imperial confessor and Dominican master general the emperor did not remove him. On the contrary, Loaysa was permitted to keep his title and preside over the reorganized council for a brief period; but a prominent reformer, Bishop Sebastián Ramírez de Fuenleal, was named as new vice president, and the ailing cardinal was encouraged to leave court in the fall of 1543 to reside in his diocese.[11] Cardinal

Loaysa's brief return to the presidency coincided with the period when he and the council were pressing Las Casas to accept the Chiapa see.

In addition, though this is not widely recognized, Loaysa was a longtime opponent of sweeping pro-Indian reform. A decade earlier, he had abrogated an important antislavery law enacted during his absence in Italy and issued renewed authorization for enslaving the Indians, thereby arousing a concerted reaction from leading reformers in the Indies, including Las Casas. In 1538, enforcing the *pase regio* under the royal *patronato*, he confiscated all the papal documents obtained by Fray Bernardino Minaya on behalf of the Indians—two of them drafted by Las Casas in response to the revocation. He and Cobos had recently voted against eliminating the encomienda, while serving on the special commission that prepared the New Laws with considerable advice from Las Casas. And in the years just ahead, Loaysa, though lacking his old power, would still play a key role in efforts to revoke basic sections of the New Laws, efforts rewarded by a substantial gift from the colonists but nonetheless ultimately blocked by Las Casas.[12] So it is clear that the cardinal had strong political and personal reasons for wanting to send Fray Bartolomé away from court.

Nevertheless, Las Casas accepted the bishopric, and the circumstances—timed with the end of his work on the New Laws—can be established rather fully. The amendment to the New Laws was promulgated in Valladolid on June 4, 1543; later the same month, Fray Bartolomé advised the prince of his intention to accept; on July 8, the official text of the "laws and ordinances" came off the press; and just two days earlier, on July 6, a royal cedula was finally issued

---

9. *Opúsculos Casas*, doc. XV, pp. 181–90, the joint memorial; pp. 190–203, the itemized summary; and see especially p. 202.

10. Friend and foe describe Las Casas as happy over this accomplishment. See Francisco Ximénez, *Historia de la provincia de San Vicente de Chiapa y Guatemala de la Orden de Predicadores*, 1:272; and *DII*, 7:160. Fray Bartolomé's role is asserted by Antonio de Herrera y Tordesillas, *Historia general de los hechos de los Castellanos en las Islas i tierra firme del Mar oceano*, dec. 7, lib. 4, cap. 17; and by Alonso de Santa Cruz, *Crónica del emperador Carlos V*, 4:221.

11. The records of this ultrasecret inquiry have not been found. But Loaysa's culpability is implied and asserted from hearsay in two Escorial manuscripts—*Catálogo de los códices españoles de la Biblioteca del Escorial* (listed in the bibliography as *Catalog. Escorial Miguélez*), 1:246, no. 83; and Fernando Rubio, "Las noticias referentes a América, contenidas en el manuscrito V-II-4 de la Biblioteca de El Escorial," *Revista de Indias* 11 (enero/junio 1951):112–13 and 115–16. The full story, with clear hints about Loaysa, is told by chroniclers then at court or personally acquainted with the protagonists: Francisco López de Gómara, *Hispania victrix, Primera y segunda parte de la Historia general de las Indias*, p. 249b; Santa Cruz, *Crónica de Carlos V*, 4: 221, 317–19; and especially Juan Ginés Sepúlveda, *De rebus gestis Caroli Quinti*, lib. 21, secs. 33–35. Sepúlveda, on intimate terms with the emperor, details each step of the secret proceedings and the dismissals for wrongdoing, and adds:

. . . It was common talk that on the same grounds (eodem jure) Charles could also have terminated the presidency of the same Cardinal, nor was this far from his mind, having even summoned the Bishop of Cuenca—[Ramírez de Fuenleal] whom we have shown to be the President of the Audiencia of Valladolid—so that he could be substituted in his place; but that in the end Charles had spared the dignity of the [Cardinal's] office, to which

he had been raised by his own [royal] patronage; also that [Charles] had been restrained most especially by this consideration: lest he himself should seem openly to have condemned the morals of a man whom, for some years, he had had as [his own] minister of the sacrament of confession and spiritual director.

XXXV. In fact, the Bishop of Cuenca . . . succeeded in place of the Count of Osorno, who used to preside over the Council of the Indies as substitute for the absent Cardinal . . . .

Available documents—summarized by Schäfer, *El Consejo de Indias*, 1:63–66, 71–72, and 75—relate the suspension of the council; the sentences, and Dr. Beltrán's appeal; Charles' secret instructions to Philip for easing the departure of the cardinal; and Loaysa's brief return to the council from late February to late September 1543. Full details are lacking on Bishop Suárez de Carvajal's somewhat less serious offenses, but a contemporary chronicler states flatly that both the bishop and Dr. Beltrán "were found . . . very guilty" of accepting large bribes—Rubio, "Las noticias en el manuscrito V-II-4," p. 115, excerpting Páez de Castro.

12. The mistaken image of Loaysa as "indiophile" comes from the attribution to him of various reform measures enacted in his term of twenty-odd years, but actually issued during intervals when he was not presiding over the Council of the Indies. His renewed slavery provision, his insistence on Indian incapacity, and his role in the confiscation and in the sequestration of Minaya, are all related in Minaya's own 1562 memorial to Philip—see app. 2 of Lewis Hanke's "Pope Paul III and the American Indians," *Harvard Theological Review* 30 (1937). For Loaysa's opposition to the Law of Inheritance and his role in its revocation, see Wagner and Parish, *Life and Writings of Las Casas*, p. 113, and Kraus ms. no. 127. Sepúlveda discloses that Loaysa persuaded him to write his treatise defending the conquest, and Las Casas explains that this was a further attempt at revocation—Antonio Maria Fabié y Escudero, *Vida y escritos de don fray Bartolomé de las Casas, obispo de Chiapa*, v. 2, *Apéndices* (hereafter cited as *Col. Fabié*), app. XXV and compare app. XXIV. (Also in *Colección de documentos inéditos para la historia de España* [hereafter cited as *DIE*], 71:336 and compare 71:332.) The Mexico City town council voted to reward Sepúlveda—see *Bibliog. Casas*, no. 392.

directing Fray Pedro Lozano, provincial of Castile (and rector of the College of San Gregorio), to permit and order Fray Bartolomé de las Casas to accept the bishopric of Chiapa.[13] The formalities were completed then and there, as Fray Bartolomé needed further permission for his next activity. He left Valladolid shortly thereafter on an assignment that occupied him the rest of 1543—recruiting missionaries for Central America from monasteries throughout the province of Castile.[14] That year he was only back at court for a single day and then for one visit of approximately a week at the end of October; he left again to attend the Provincial Chapter of his order at Toledo in November and did not return until the start of the following year—negotiating and receiving on January 19, 1544, a payment for his expenses and a number of cedulas granting aid for forty Dominicans to accompany him to the Indies.[15]

Consequently, it must have been during his late-October return to the court that Bishop-elect Las Casas hurriedly wrote and dispatched his petition to the emperor in the Low Countries. For Charles, after routinely sending the imperial army into winter quarters, tarried in Brussels from November 23 to January 2, attending to administrative matters before proceeding slowly to the diet at Speyer; and his reply to the petition definitely reached Spain near the start of February, though the courier is unknown.[16] But the bishop-elect's emergency is known. The council was applying extreme pressure on him to sail for the Indies by the next fleet, without even awaiting the papal bulls for his consecration. This is revealed in the opening words of the petition itself and fully confirmed by a council resolution and two letters from Fray Bartolomé. Las Casas was being unduly pressured and he knew it and would afterwards complain about it.[17]

Why, then, had he accepted? Remesal gives this powerful official argument, which is borne out by other sources: new bishops as well as new administrators were urgently needed to help enforce the New Laws, and the council insisted that Fray Bartolomé should logically be one of them.[18] Fray Juan de la Cruz, writing during Las Casas' lifetime, says that the friends of reform used another even more persuasive argument: upon canonical acceptance, Fray Bartolomé would be automatically dispensed from the monastic vow of obedience, which might otherwise be used to prevent his working in defense of the Indians.[19] Some of his contemporaries claimed Las Casas was ambitious and wanted a bishopric all along; and some modern scholars have asserted that he had his eye on the Chiapa diocese from his Guatemala days—an unfounded assertion based on a misreading of the record.[20]

But now, as will become evident, his petition to Charles V, written in such haste and under such pressure, provides an authoritative answer at long last. Bartolomé de las Casas accepted the miter of Chiapa in order to put into practice his own long-standing ideas on the role of ecclesiastics in reforming the Indies.

---

13. Fray Bartolomé's announced intention is implicit in Philip's June 16, 1543, letter to Rome requesting certain papal privileges for Bishop-elect Las Casas. (AGI, Guatemala 393, lib. 2, fols. 199 verso to 202 verso.) On June 30, 1543, Fray Bartolomé obtained a series of decrees for the Provinces of War mission; and on the same day, the prince forwarded to Rome a copy of his presentation. (Catalog. Vera Paz, nos. 137–41; and AGI, Guatemala 393, lib. 2, fol. 205.) Simultaneously with the July 6, 1543, cedula to Provincial Lozano, the prince executed a contract with one Pedro Navarro to expedite the dispatch of certain bulls and briefs including those for Bishop-elect Las Casas—AGI, Indiferente General 423, lib. 20, fols. 146 verso to 147 and 134 verso to 135 (listed in Bibliog. Casas, nos. 185 and 182, the latter wrongly dated as June).

14. Remesal, Historia de Chiapa y Guatemala, 1:288, 292, 316; see pp. 232–33 for Fray Bartolomé's earlier recruiting. Remesal misdates the Dominican Provincial Chapter as between Pentecost and Ascension, see note 15 below.

15. On September 7, 1543, in an apparent afterthought, Fray Bartolomé obtained three more Provinces of War cedulas as well as an order for the maintenance of his missionaries before sailing. (Catalog. Vera Paz, nos. 142–43; and Bibliog. Casas, no. 186.) On October 23, he secured an order relating to his diocese, and on October 31, instructions to religious superiors to assist his recruiting—Bibliog. Casas, nos. 189, 190. Remesal correctly describes the elections at the Dominican Provincial Chapter; although usually convoked earlier, this meeting was held on November 25 in 1543—Archivio Generale della Ordine dei Predicatori, ser. 13, no. 26045. For Las Casas' January 19, 1544, documents, see Bibliog. Casas, nos. 194–95, and Catalog. Vera Paz, no. 146.

16. The bishop-elect was thinking of Chiapa problems in late October —compare the October 23, 1543, order for moderating tributes of Indians in his diocese, Bibliog. Casas, no. 189. For Charles' movements, see Foronda, Estancias y viajes de Carlos V, pp. 552–58, especially pp. 556–57. The royal reply, referring Las Casas' petition to the council for further deliberation and action, must have reached Spain at the end of January or the beginning of February, since the resulting cedulas were issued on February 13 and 23, 1544—see note 38 below. Probably there was an official messenger; previously, Fray Jacobo de Tastera had carried a letter from Fray Bartolomé to the emperor. Compare Col. Fabié, app. VII (DIE, 70:490).

17. See the petition, introd. par.; and the cedula of February 13, 1544, to the bishop-elect, ordering him to hasten to the Indies in accordance with the prior resolution—Col. Fabié, app. VIII (DIE, 70:502). (This resolution might have been one of Loaysa's last acts before leaving for Seville around September 21, 1543, compare Schäfer, El Consejo de Indias, 1:75, n. 3.) See also Las Casas to Philip, from Tabasco on February 12, and from Gracias a Dios, Honduras, on October 25, 1545, where he refers to the prince and especially the council hurrying his departure. (Casas, Tratado de Indias, p. 100; and Opúsculos Casas, p. 231b.)

18. Remesal, Historia de Chiapa y Guatemala, lib. 4, cap. 13, sec. 4. Both administrative and episcopal appointments were discussed at the Barcelona meeting recorded on the final sheets of Kraus ms. no. 138. Fray Juan de la Cruz, Coronica, fol. 221 verso, says that in the post-New Laws period, vacant Indies bishoprics were given to candidates whom Fray Bartolomé named; Pedro Gutiérrez de Santa Clara, Historia de las guerras civiles del Perú, 1:40, repeats the assertion; and Dussel, Les Évêques hispano-américains, pp. 117, 121, and 126–27, cites bishops named then and later, many apparently on Las Casas' recommendation.

19. See Fray Juan de la Cruz, Coronica, fol. 221 verso; also Ybot León, cited in note 2 above. The emperor had to ask special permission from the provincial for Fray Bartolomé to work at court during the New Laws period. See Col. Fabié, app. VII (DIE, 70:490); and Bibliog. Casas, no. 175. Special papal privileges obtained for Las Casas as bishop included the exemption of his companion Fray Rodrigo and five more Dominicans from the authority of any provincial—Col. Fabié, summary at end of app. IX (DIE, 70:526).

20. See Marcel Bataillon, Études sur Bartolomé de las Casas, pp. 186–88 and xiv–xv, the initial erroneous speculation and its subsequent disavowal; nevertheless, the mistake has grown through uncritical repetition by others. Available documents contradict the alleged "facts" and their interpretation (p. 188): despite his later defensive statements, Bishop Marroquín had originally asked for and obtained the temporary annexation of Chiapa to his own diocese in 1538; the Chiapa see was then created in 1538 (not 1539) and continuously filled till September 2, 1541 (not 1540); also, there is evidence indicating a close collaboration in Spain in late 1540 between Las Casas and the then bishop of Chiapa. See notes 27 and 47 below and corresponding text.

# The Petition:

## *What Las Casas hoped to do as bishop*

Las Casas' entire program at this turning point in his career is sketched in the petition—not mere specifics for his own diocese of Chiapa, nor solely a plan for himself as bishop to help enforce the New Laws, but the wider goal of using his prelacy for the welfare of all the Indians.

The document itself can be read on many levels. A first glance reveals an introductory paragraph and thirty unnumbered and semi-random points. Closer examination shows that fraying has obliterated the original folio numbers, and the sheets were at one time bound out of order; when they are correctly arranged, the points follow a logical outline of topics—new boundaries, administration, Indians, and so on.[21] Most of these demonstrate the author's expertise on the problems of Central America, a region in which Fray Bartolomé had spent five years as a missionary, preacher, monastery vicar, and diocesan vicar general. And finally, a tone of urgency prevails throughout; if Las Casas must sail before his consecration, he wishes provisional faculties; he will need emergency financial aid in Seville and the Indies; clearly he cannot cover everything now but will submit another memorial. [Introd. par. and pars. 7 and 23–27.]

Superficially, this all sounds like a practical blueprint created for a pressing situation. But for a deeper understanding, the petition must be reexamined in the light of Las Casas' own previous ideas on how bishops and friars could promote the welfare of the Indians and the total reform of the Indies.

These prior ideas of his have been generally overlooked. Institutional historians have only pointed out that he was the first official protector of the Indians in 1516–17, and this function had since been assigned to bishops.[22] But in addition, from his early period at the Flemish court till his return to court in 1540, Las Casas made three major proposals for ecclesiastics as reformers, and at least two were translated into royal and papal decrees.

The earliest proposal was his mainland scheme, which has received some scholarly attention. Presented twice in 1518 and substantially repeated in 1531, this was "a grandiose project for Tierra Firme: under the tacit authority of bishops, bands of friars would convert the Indians and persuade them to pay tribute, and Spanish settlers would be controlled and kept from slaving." [23] Essentially, the plan was to reform colonization, with Spaniards engaging in profitable barter trade, and Christianized Indians peace-fully reduced to free towns under the crown. But this grand scheme was never tried, except in denatured form in his own unsuccessful attempt, between 1520 and 1522, to found a colony with Dominican and Franciscan missions as the nucleus.

A far more sweeping ecclesiastical role was defined in the papal brief "Pastorale officium" of May 29, 1537—based almost certainly on a draft by Fray Bartolomé. Las Casas' hitherto-unknown part in Pope Paul III's epochal decrees for the American Indians will be detailed in a forthcoming study based on new documentation.[24] Here, it is only necessary to focus on the implementing brief: The primate or highest ranking archbishop in Spain, Cardinal Tavera of Toledo, was directed to insist on peaceful conversion of the Indians, who were fully human and capable of receiving the Faith; and to excommunicate—by his own action or through others, i.e., bishops and/or friars in the Indies— any who deprived the natives of their goods or liberty.[25] To be sure, the emperor persuaded the pope to revoke this far-reaching brief the following year.[26] But Las Casas never abandoned the notion of an independent ecclesiastical arm defending the Indians.

His final preliminary proposal on the Indies episcopate appeared in a cedula of 1540, issued by the Council of the Indies to the then bishop of Chiapa, Juan de Arteaga, but doubtless inspired by Fray Bartolomé. For Las Casas himself was at court at that very moment, obtaining cedulas for the peaceful conversion and reduction experiment (without encomiendas) that he had launched a few years earlier, in 1537, in the Guatemalan Provinces of War.[27] And this

---

21. The present Kraus mss. nos. 123–39 were bound into a single volume in the early nineteenth century for the Irish bibliophile William Horatio Crawford, under the title "Varios pareceres manuscritos originales sobre legislación de Indias, siglo XVI."

22. See Dussel, *Les Évêques hispano-américains,* "Les évêques protecteurs de l'indien (1528–1544)," pp. 110–24.

23. Wagner and Parish, *Life and Writings of Las Casas,* p. 125. See *Opúsculos Casas,* doc. IV, pp. 31–33, the basic plan; doc. V, pp. 35–39, the financing, with bishops receiving only food and vestments; doc. VII, pp. 52–53, the reiteration.

24. See Helen Rand Parish and Harold E. Weidman, *Las Casas en México,* chaps. 1–4 headed "Fray Bartolomé y los decretos papales," based on manuscripts in the Archivo General de Indias, the Archivio Segreto Vaticano, the Biblioteca Universitaria in Salamanca, the Biblioteca Nacional in Madrid, the Bibliothèque Nationale in Paris, the Biblioteca Ambrosiana in Milan—as well as exceedingly rare Mexican and Roman imprints.

25. The full text appears in Francisco Javier Hernáez, *Colección de bulas, breves y otros documentos relativos a la Iglesia de América y Filipinas* (listed in the bibliography as *Col. Hernáez*), 1:101–2; the confiscated original is in AGI, Patronato 1, ramo 1, no. 37.

26. See Hanke, "Pope Paul III and the American Indians," insert, pp. 87–88, and 92–93—a facsimile and transcription of the brief of revocation, "Non indecens videtur," and an account of circumstances surrounding its issuance on June 19, 1538. Modern writers have been confused hitherto about the two papal encyclicals, "Altitudo divini consilii" and "Sublimis Deus," issued on June 1 and 2, 1537, respectively, and unaware of the preliminary memorials and drafting by Fray Juan de Oseguera, O.S.A., and Fray Bartolomé de las Casas; the emperor and the council were themselves confused over what was revoked.

27. Fray Bartolomé obtained twenty-odd cedulas between October 10 and November 14, 1540, *Catalog. Vera Paz,* nos. 73–89. Almost simultaneously, Bishop Arteaga received nine cedulas and his executorials between October 29 and November 22, 1540. See translated texts and abstracts from AGI, in Robert S. Chamberlain, "The

landmark decree to Bishop Arteaga authorized the spread of Fray Bartolomé's cherished project to the adjoining Chiapa diocese under episcopal aegis.[28]

Now, as the petition reveals, Bartolomé de las Casas himself had accepted the selfsame Chiapa see in order to try out his previous proposals in a sweeping experiment for the Indies episcopate. For each proposal appears as a major goal, announced in the introductory paragraph and developed in subsequent points; and in all of these goals Fray Bartolomé is clearly continuing his work from the period of the New Laws.

*Peaceful conversion and reduction of unconquered Indians* "amid those peoples and lands bordering the said bishopric" [introd. par.] is set forth as the bishop-elect's main goal and reason for accepting.

So at the very outset, he asks that boundaries be drawn demarcating his diocese [par. 1], and then immediately makes his first major request—transfer of the Guatemalan Provinces of War to his jurisdiction:

That *the provinces of war called Teçulutlán and Lacandón, etc.* which he and his comrades worked to secure and bring to peace, which are very near the said City and Province of Chiapa, may enter within the limits of his diocese, *for this was the principal reason for which he accepted that bishopric*—namely in order better to carry on and effect the pacification and conversion of the people thereof—and *that these may reach to the Golfo Dulce inclusive with the land of Yucatán.* [Par. 2, italics added.]

Unlike the broad application of theoretical principle in the prior cedula to Bishop Arteaga, this is a strictly pragmatic proposal. Here and elsewhere in the petition, Bishop-elect Las Casas targets two specific but contiguous areas for carrying on peaceful reduction: the Provinces of War which he and his fellow Dominicans "have begun to pacify," and Yucatán where his friend Fray Jacobo de Tastera and the Franciscans had tried a similar experiment in 1538. Having recently obtained numerous cedulas backing the Dominican experiment with its stipulated exclusion of Spaniards, Las Casas here makes only minor additional requests for this work [pars. 19–20].[29] But for Yucatán, where slavers had wrecked the Franciscan venture, he pleads at great length for the expulsion of Spanish undesirables: fugitive outlaws, all the cruel conquistadors remaining there, and the aging Adelantado Montejo. [Pars. 28–29.] These Yucatán sections of the petition exhibit a detailed knowledge of events and conditions that could only have been supplied by Tastera, who had collaborated with Las Casas in Spain in 1540. They directly support Las Casas' famous account of Fray Jacobo in Yucatán, in the *Brevíssima relación,* and the now-lost information on the same subject that Fray Bartolomé had presented to the council.[30]

Indeed, this entire peaceful reduction portion of the petition echoes specific suggestions that Fray Bartolomé had

offered during the drafting and amendment of the reform ordinances. Before their promulgation, he had proposed the expulsion of leading potential troublemakers from Peru before the arrival of the viceroy with the New Laws; and afterwards, in the itemized points, he had discussed these outlaw slavers of Yucatán, and suggested a pardon to induce their departure—a proposal almost identical with the one he now makes as bishop-elect.[31]

*Strengthening the ecclesiastical arm and the protectorate* is the second major goal of the bishop-elect. At the very outset, he defines this aim as "the conservation of the Indians who are already reduced." [Introd. par.] And item after item in the first half of the petition [pars. 3–16] stresses the episcopal function of protecting the conquered natives from Spanish abuses. This entire section is concerned with his hope of helping to enforce the New Laws through his official episcopal role of protector of the Indians.

Nowhere does Fray Bartolomé use the term *protector,* and quite possibly the routine appointment had already been given him. Rather, he spells out both general and specific faculties he will need to help enforce the New Laws and carry out his own reform plans. Thus he asks "power and faculty" to name "visitors" to examine the treatment of Indians in the whole bishopric, especially in the provinces of Chiapa, Tabasco, and Guaçacualco [Coatzacoalcos] which are far from the seat of the new audiencia [pars. 10, 11]. Further, he wishes to make a special inspection of the corregidor and other officials of Soconusco, where "they are accustomed to rob and to do many injuries" [par. 9]—injuries he had detailed in his joint memorial after the promulgation of the New Laws.[32] For tributes, he asks the faculty (previously granted Bishop Arteaga) of participating in the official assessment for the whole bishopic,[33] and the privilege of remitting tributes for ten years for Indians peacefully reduced or resettled at his request. [Pars. 12, 17–18.] Likewise—clearly in connection with particular ordinances—he asks to participate in moderating excessive repartimientos (allotments of Indians entrusted to Span-

Governorship of the Adelantado Francisco de Montejo in Chiapas, 1539–1544," *Contributions to American Anthropology and History* 9: 185b–188a; and compare summaries of the council's papers by Antonio Rodríguez de León Pinelo, *Índice general de los papeles del Consejo de Indias* in *Colección de documentos inéditos . . . de ultramar* (hereafter cited as *DIU*), 17:156.

28. For an English version of the December 16, 1540, cedula to Arteaga, see Chamberlain, "Montejo in Chiapas," p. 188b, translating from AGI, Guatemala 393, lib. 2.

29. See notes 12 and 27 above for the 1540 and 1541 Provinces of War cedulas; still more were issued in 1543—*Catalog. Vera Paz,* nos. 118, 120–35, 137–43.

30. Compare the following with par. 29 of the petition: the longer passage in Las Casas' *Brevíssima relación de la destruición de las Indias,* the brief version in his shipboard sermon, and the mention in his letter to Philip from Tabasco on February 12, 1545. (*Opúsculos Casas,* 155b–58b; Remesal, *Historia de Chiapa y Guatemala,* 1:343–49; and Casas, *Tratado de Indias,* p. 102.) On the supporting juridical information, see *Catalog. Casas,* no. 30. Details on Fray Jacobo's whole career have recently been assembled by Fidel de Jesús Chauvet in "Fray Jacobo de Tastera, misionero y civilizador del siglo XVI," in *Estudios de historia novohispana,* v. 3. See also Parish and Weidman, *Las Casas en México,* cap. 4, "El cuarto decreto: finales tristes," for more information on the mutual influence of Fray Jacobo and Fray Bartolomé and the corrected date of the Yucatán mission.

31. See *Opúsculos Casas,* doc. XIII, correctly dated 1542 by Pérez de Tudela; and compare especially p. 201ab, where Fray Bartolomé tells how the idol-selling slavers disobeyed Viceroy Mendoza's order to leave Yucatán—a passage strikingly parallel to pars. 28–29 of the petition.

32. *Opúsculos Casas,* p. 187ab.

33. Bishop Arteaga's cedula of November 22, 1540, directed him to complete the levy of tributes with the governor in order to correct Spanish abuses. (See translation in Chamberlain, "Montejo in Chiapas," pp. 187a–88b.) Fray Bartolomé, then at court, may have inspired the order, from his knowledge of Bishop Marroquín's prior participation in the unfinished assessment (compare Chamberlain's account, p. 179ab).

iards under the encomienda system) in Chiapa, and special authority to place under the crown any encomiendas that become vacant or are voluntarily surrendered in return for tribute from the Provinces of War. [Pars. 15–16.] Similarly, he wishes to participate in examining the titles to Indian slaves. [Par. 14.]

Significantly, these itemized faculties are preceded by a set of requests designed to reinforce his episcopal governance of his Spanish flock. A few are rather technical—e.g., the bishop rather than the king to name candidates for benefices.[34] But two key points concern the basic power and exercise of the ecclesiastical arm. Thus, the bishop-elect specifically asks provision for the audiencia and other justices—

> that they inviolably keep the *ecclesiastical immunities* in everything and for everything, according as this is established by law, imposing penalties on whoever might do the contrary or break them. [Par. 4, italics added.]

> [and] that, in all matters and cases that may pertain to the *ecclesiastical jurisdiction,* the royal justices give all favor and help, and execute all that the bishop may require and ask them [as] support of the secular arm according as it is determined by law, and this with penalty. [Par. 3, italics added.]

*Starting a new kind of Spanish colonization* is the third main stated goal of the bishop-elect. [Introd. par.] His project here recalls his early mainland colonization schemes and also some of his specific proposals not enacted in the New Laws: peasant emigration and a contingent of friars, assisted by tributes from free crown Indians and plantation labor of a small number of Negro slaves. In the petition, however, the plan is not fully worked out but only mentioned in a number of scattered points. Thus, he speaks of his fervent intention to arrange for many Spanish emigrants to found new settlements in the entire diocese and specifically in the Provinces of War and Yucatán. [Pars. 22, 19, 29.] And he promises a more detailed proposal:

> Item, he begs that Your Majesty will deign to have examined a memorial which he will present, and will grant the favors which are possible and fitting to give to the farmers and persons whom he will now take with him, and [who] afterwards through his efforts may go to settle, because he hopes in God that Your Majesty will be greatly served by the settlement which he is to direct. [Par. 27.]

For now, he asks only certain types of royal aid for the settlement project. In the Provinces of War, half of the royal tributes are already available for assisting settlers; this should be increased to the whole "in order that this settlement may be made better and more quickly." [Par. 19.] And he needs a loan of 500 ducats for two or three years, to help the friars, settlers, and staff he wishes to take with him "that they may begin to settle in those lands." [Par. 23.]

Finally, to help support the friars and settlers, the bishop-elect asks the privilege of taking two dozen Negro slaves duty free:

> That because the said bishop-elect has the intention greatly to serve God and Your Majesty by providing a means so that the lands of all the said bishopric of Chiapa and Yucatán may be settled by Spaniards, new settlers whom he plans and hopes to place therein; and also to maintain the friars who now are to travel with him and go to those said provinces, for the which he deems it a very necessary thing to sow and till farms of cassava, which are called small plantations—[therefore] he begs Your Majesty

to grant him the favor of giving him a license so that he may take thither two dozen Negro slaves, exempt from all duties both in Seville and in the Indies, under the condition that if he does not occupy them in the aforesaid and for the maintenance of the friars and settlers, he pay the duties to Your Majesty five-fold. [Par. 22.]

This passage confirms that only later, perhaps as early as 1546 and certainly by 1552, did Las Casas come to realize the total injustice of Negro slavery and contritely regret his former views.[35] In these years, he had already limited his request for black slaves to minor aid proposed for new settlers. Its inclusion in his petition was doubtless in anticipation of an awkward situation, for his large contingent of friars would at first be wholly dependent on the charity of the Spanish settlers, potentially hostile to missionaries and a reforming bishop.[36]

This third goal fuses with the other two, to complete the bishop-elect's post-New Laws program: for the unconquered regions, peaceful conversion and reduction of Indians, and a new style of Spanish peasant colonization; for the settled regions, vigorous enforcement of the reform ordinances; and all these advances to be effected by a strong ecclesiastical arm.

What did crown and council grant Bartolomé de las Casas in response to his petition? Overall, he had asked for special means to continue his lifework in his new role as a bishop. Instead, he received only ordinary means and a sharply curtailed protectorate.

Bureaucratic compromise marked the government's answer to most of the bishop-elect's thirty points. This official action can be followed through two stages: First, decisions were noted on the margins of the document itself (in the hand of a royal secretary),[37] granting and rejecting, more often compromising and referring for further consultation. Then on February 13 and 23, 1544, the council issued the bishop-elect's dispatches, carrying out these directions with still further limitations.[38]

Las Casas came off moderately well in the matter of peaceful conversion. The Provinces of War were entrusted to him although only till the naming of a separate bishop. The Audiencia de los Confines was told to protect the mission from Yucatán incursions, but there was no expulsion; even the inclusion of Yucatán itself seems to have been temporary.[39] He was allowed to remit the tribute of peacefully reduced Indians, but only for four years.

No help whatever was given his plan to reform Spanish

---

34. This request probably stemmed from Bishop Zumárraga's unhappy experience with clerics named by the king—see Dussel, *Les Évêques hispano-américains,* pp. 75–76. The privilege had already been granted to Bishop Arteaga on November 5, 1540, for his initial chapter (Chamberlain, "Montejo in Chiapas," p. 185b); it would therefore apply only to vacancies that might occur.

35. Par. 22 of the petition supports the comments and conjectures in Wagner and Parish, *Life and Writings of Las Casas,* pp. 40–41; p. 165, n. 29; and p. 246 and n. 8.

36. Compare *Opúsculos Casas,* pp. 62b, 66b–67a, also *DII,* 7:116–41, on hostility towards Fray Bartolomé and his fellow Dominicans in Nicaragua.

37. Kraus ms. no 138 contains marginal notes in the same hand, one attributing a decision to "el rey."

38. Most of Bishop Las Casas' dispatches, eighteen cedulas of February 13 and 23, 1544, are printed in *Col. Fabié,* app. VIII (*DIE,* 70:491–505). A few unpublished items are listed in *Catalog. Vera Paz,* no. 136, and *Bibliog. Casas,* nos. 194–95 and 200–202.

39. Compare Chamberlain, "Montejo in Chiapas," p. 185b. And note Las Casas' own designations of bishopric and bishop of Chiapa and Yucatán, both in his petition and in his 1545 Holy Week Proclamation in Ciudad Real—par. 22 and *Opúsculos Casas,* p. 218.

colonization. He was merely granted the customary free passage for the friars who would accompany him. He was permitted to take four Negro slaves duty free for his household, and some duties were lifted on goods of three persons in his retinue. But his requests for loans and financial aid were reduced and mostly granted as advances on his salary.

Ironically, his protectorate was actually weakened by the substitute council president, Fuenleal. Formerly, as reform president of the Mexican Audiencia, Fuenleal had taken over Bishop Zumárraga's protectorate by royal order; and evidently he was now relying on vigorous enforcement by the new Central American Audiencia. Whereas the previous bishop of Chiapa had been empowered to levy fines and conduct proceedings against the governor and officials, Las Casas could only investigate conditions and inform the audiencia of noncompliance with the New Laws; and in the unlikely case that the audiencia did not act, he might then inform the authorities in Spain.[40] Soconusco was assigned to him, but again only temporarily and without power to investigate officials. His "ecclesiastical jurisdiction" and the "aid of the secular arm" were just mentioned casually in his executorials. Even his routine cedulas were marred by repeated references to his not yet having received the papal bulls approving his consecration.

Finally, under the heavy pressure, Las Casas' own implementation of his petition remained incomplete. He managed no recruitment of farmer colonists; and despite all his haste, he was delayed in Seville, where the penniless House of Trade had to borrow for his grants, and torrential rains held up the fleet for months.[41] He was fortunate only in that the bulls and briefs for his episcopate finally arrived from Rome, and he was duly consecrated on Passion Sunday, March 30th.[42] When Bishop Bartolomé de las Casas finally sailed for America on June 11, 1544, he had just a fraction of his hoped-for powers and personnel: the largest contingent of missionaries yet assembled, but exactly one peasant; enlarged boundaries for his diocese, but no civil backing; and little beyond his own resourcefulness and episcopal authority to carry out his sweeping program of post-New Laws reform.

40. Bishop Arteaga's October 29, 1540, appointment as protector of the Indians—translated in Chamberlain, "Montejo in Chiapas," pp. 186a–87a—empowered him to investigate conditions and name visitors, impose fines up to fifty pesos and ten days in jail, and conduct proceedings against the governor and officials. But marginal responses to Las Casas [pars. 9–10] say "he does not need" power to investigate Soconusco officials, and he is only to receive the powers "already granted" for inspecting and naming visitors in the diocese. (See Dussel, *Les Évêques hispano-américains*, pp. 116, 118–19 and 122–24, for the varying powers of bishops as protectors.)

41. Three modern studies discuss aspects of Las Casas' stay in Seville, his official efforts there on behalf of illegally held Indian slaves, and his sailing to America: Wagner and Parish, *Life and Writings of Las Casas*, pp. 122–28; Juan Pérez de Tudela Bueso, "Significado histórico de la vida y escritos del padre Las Casas" (prologue to Casas, *Obras escogidas*, v. 1), pp. clv–clvii; and Manuel Giménez Fernández, "Los restos de Cristobal Colón en Sevilla," in *Anuario de estudios americanos*, 10:93–94, 118–20, 124–26, and app. IV, pp. 156–58. (All three are based on his correspondence and government and notarial papers— see the bibliography, under "Documents of Las Casas' Episcopate" for 1544.) Apparently Las Casas never submitted the promised memorial on peasant emigration.

42. See Las Casas to Philip, March 31, 1544, *Opúsculos Casas*, doc. XVII; also, the testimony and bull for his consecration, *Col. Fabié*, 363–66 app. XXVI, (*DIE*, 71:363–66). For Las Casas' other bulls and briefs, see the bibliography, Documents for 1543–44.

# The Results:

## *Las Casas' episcopal achievements*

Bishop Las Casas naturally could not fulfill the far-reaching goals of his petition. With his deficient means, he faced an unexpectedly lawless frontier situation in the heart of the Central American slave lands. His resulting frustrations are well known from voluminous published sources. Yet his substantial achievements are generally overlooked, because the evidence is scattered and unpublished, and evaluation has been artificially limited to his residence in Chiapa.[43]

But nonresidence was a phenomenon of that age, and even quite pastoral American prelates (like Bishop Vasco de Quiroga of Michoacán) were absent from their sees for extended intervals.[44] Bishop Las Casas considered his own nonresidence, two-thirds of his canonical term of six years, as essential to his duties as prelate.[45] There were two initial years when he meant to be and actually was a resident Central American bishop. This was followed by a stay in Mexico City, where he was summoned to a conference of North American bishops, and then by a longer nonresident period back at court, attending part-time to Chiapan and Central American affairs until he finally resigned the dignity in 1550.

The petition provides new insights for this entire period, resident and nonresident alike. It shows that Fray Bartolomé had predicted the kinds of problems he would meet as bishop, his own responses to them, and even his future course as a reformer.

Territorial conflicts beset Bishop Las Casas from the moment he set foot in his diocese. These were common in the New World, where diocesan boundaries were constantly being redrawn; an extreme example is Bishop Quiroga's extended litigation against Bishop Zumárraga over the limits of the Michoacán see.[46] Las Casas' position was complicated by the temporary nature of the territorial cedulas issued in response to his petition and by the unexpected enmity of a former friend, Bishop Marroquín of Guatemala.

Some scholars have accepted the bishop of Guatemala's hostile remarks, but the record reveals Marroquín's challenges to Bishop Las Casas' control of all of his assigned provinces. For Chiapa proper, Marroquín himself had petitioned that it be taken from Tlaxcala and added to his own diocese of Guatemala; he had first obtained its tithes, then some years later, a cedula assigning it to him temporarily and ordering the bishop of Tlaxcala to keep out. And although Chiapa had soon thereafter been established as a separate diocese, neither the first nominee nor the first bishop had taken possession, and Marroquín continued to oversee the province for some ten years or more, six of them in violation of canon law, until the council finally issued a cedula in 1544 ordering him to keep out.[47]

For Yucatán, where the residents of Campeche refused to receive the newly arrived Las Casas as their bishop, Marroquín recommended that it be removed from Fray Bartolomé's jurisdiction and made a separate see.[48] For Teçulutlan, Bishop Marroquín hastened to make an episcopal visitation ahead of Bishop Las Casas (another infringement of canon law) and wrote to the crown, belittling the venture for peaceful conversion that he had formerly

---

43. Compare, in the bibliography, Documents of 1544–45, 1545–46, 1546–48, and "Las Casas' Treatises Relating to the Episcopate." See also Wagner and Parish, *Life and Writings of Las Casas*, pp. 127–74, for a summary of main sources published hitherto (an extensive diary, correspondence, and official papers); and Parish and Weidman, *Las Casas en México*, for an analysis and publication of major new material, including an unknown treatise. For additional letters to Bishop Las Casas and items about him, see *Col. Fabié*, app. XX (*DIE*, 70:569–610); *DII*, vols. 7, 24, and 41; and *Bibliog. Casas*, nos. 272, 291, 296, 307, 310, and p. 394, n. 2. See also André Saint-Lu, "Un episode romancé de la biographie de Las Casas," in *Mélanges offerts à Marcel Bataillon par les hispanistes français*, for a comparison of sources on a single episode.

44. J. Benedict Warren, in his unpublished paper, "Vasco de Quiroga, Litigious Bishop," quotes an accusation that this prelate was resident for only three of his first twenty-three years. (The vicar general of the archdiocese of Mexico to Philip, February 20, 1561—AGI, Mexico 281.)

45. Bishop Las Casas insisted on the official requirement of his presence in Mexico City, and also on his episcopal duty to negotiate before the council for the release of Indian slaves (compare *Opúsculos Casas*, p. 281b). His contentions were supported by two cedulas, authorizing payment of his episcopal salary for both nonresident periods—*DII*, 7:239–41, and *Bibliog. Casas*, no. 310.

46. In the so-called Great Scandal, Quiroga actually brought two lawsuits against Zumárraga: he won the first, on tithes; the second, on boundaries, was settled by compromise. See Warren, "Quiroga, Litigious Bishop," reviewing the records in AGI, Justicia 140, no. 2, and Justicia 1009, no. 1.

47. Chamberlain, "Montejo in Chiapas," p. 185b, summarizes the following from AGI, Guatemala 393, lib. 2, and Indiferente General 187: the February 12 and 26, 1538, cedulas entrusting Chiapa to Bishop Marroquín and excluding the bishop of Tlaxcala; the April 14, 1538, bull erecting the diocese of Chiapa; and the May 13, 1538, nomination of Ortega as bishop of the new diocese, as well as later documents concerning him. For a further description of the bull "Inter multiplices" erecting the diocese of Chiapa, and a digest of documents for Bishop-elect Ortega and Bishop Arteaga, see Ybot León, *La Iglesia y los eclesiásticos españoles en Indias*, 2:113, and *DIU*, 17:153–57. (Ortega belatedly declined after receiving his bulls; Arteaga died in America on September 8, 1541, without reaching Chiapa.) Marroquín's letters to Charles and Philip disclose his handling of Chiapa affairs: on May 10, 1537, he describes his old quarrel with the bishop of Tlaxcala over the tithes of Ciudad Real (then called San Cristóbal); on February 20, 1542, he tells of caring for some of Arteaga's canons; and on June 4, 1545, he asks financial compensation for "ten or twelve" years' work in Chiapa. See Carmelo Sáenz de Santa María, *El licenciado don Francisco Marroquín . . . su vida, sus escritos* (hereafter cited as Marroquín, *Escritos*), pp. 134–35, 181, 204. On the cedula excluding Marroquín, see note 51 below.

48. On the refusal, see Las Casas to Philip from Tabasco, February 12, 1545; also Visitor General Sandoval to Philip, September 9, 1545. (Casas, *Tratado de Indias*, p. 102; and Francisco del Paso y Troncoso, *Epistolario de Nueva España*, 4:223.) Marroquín's suggestion is in his December 1, 1545, letter to Charles—Marroquín, *Escritos*, p. 210.

praised and questioning Fray Bartolomé's new jurisdiction over it.[49] And for Soconusco, Bishop Marroquín advised the residents not to receive Las Casas as their bishop, and then instituted a series of three lawsuits that lasted the next fifteen years, in a futile attempt to recover the province for himself.[50] Thus, during some twenty-five years, Bishop Marroquín sought to enlarge his diocese, or to retain or regain territories he had lost. And only erroneous evidence has been used to support his attacks on Fray Bartolomé's "ambition." [51]

By contrast, Bishop Las Casas' response, after surveying the situation, was mild and devoid of ambition, in line with his original refusal of Cuzco. In his letters to the prince-regent, he repeatedly recommended that Yucatán, Chiapa, Soconusco, and Teçulutlán be made separate bishoprics, and reiterated that he wanted to keep only the last named for himself.[52] This coincided perfectly with the petition, where episcopal protection of the experimental mission had been set forth as his main reason for accepting; and now, as resident bishop, he was able to strengthen that protection. His official visit to the Provinces of War was virtually a triumphal procession, climaxing at the towns of Cobán and Teçulutlán proper, where he had a notarized report drawn on the flourishing state of the mission and his own visit, thereby counteracting Marroquín's interference. Both Las Casas' jurisdiction and this Teçulutlán report (duly forwarded to the emperor) would prove to be bulwarks against continuing hostility from the Guatemalan settlers and the ambivalence of the bishop of Guatemala.[53]

But Las Casas' hopes for the spread of peaceful conversion to Yucatán, as expressed in his petition, were completely crushed—first by the lack of strong provisions and now by a revived conquest. Even normal missionary work among the Chiapa Indians (by the Dominican friars) would soon run into heavy opposition from local encomenderos.[54]

Conflicts with the settlers and audiencia over the rights of the Indians constituted the rest of Bishop Las Casas' troubles. These have been attributed to his own rigid temperament and to hostility against the New Laws and him, as their "author." But similar conflicts faced every New World bishop who attempted to exercise seriously the role of protector.[55] Here, too, Las Casas had not received the supporting and enforcement powers asked in his petition, and he now faced the anticipated opposition from the entrenched Chiapa slave trade and the unexpected corruption of Alonso de Maldonado, president of the new (and supposedly reformist) Audiencia de los Confines. Maldonado had lately married the daughter of old Adelantado Montejo, and thus joined a family that already held some sixty thousand Indians and was just then amassing more slaves in the bloody second conquest of Yucatán; his presidency would be called the golden age of slavery in Central America.[56]

For both struggles, Fray Bartolomé attempted a strong new use of the independent ecclesiastical arm—a step clearly foreshadowed in the petition. In Ciudad Real, Bishop Las Casas took the occasion of Holy Week, 1545—the time for the required annual confession of sins and denunciation of public sinners—to issue a strong pastoral letter and "reserve" for himself the cases of abusive encomenderos and notorious slaveholders. As this included practically everyone, a near riot ensued, with the settlers threatening the bishop's life, and the insubordinate cathedral dean offering to absolve them all and then fleeing to Marroquín's diocese and protection.[57] This turbulence, too, was symptomatic. Bishop Pedraza of Honduras also feared for his life; and in Nicaragua, Bishop Valdivieso was threatened and fled, only to return later and be assassinated.[58]

But Bishop Las Casas met the threat in a unique manner forecast in his petition and his implementing cedulas. Con-

---

49. See Marroquín to Philip, August 17, 1545, and Las Casas' juridical information of his own episcopal visitation to Teçulutlan—Marroquín, *Escritos*, pp. 207–8; and *DII*, 7:220, question 12, and 227–28, answers.

50. For Marroquín's instigation of disobedience in Soconusco, see Las Casas and Valdivieso to Philip, October 25, 1545—*Opúsculos Casas*, p. 225ab. Bishop Marroquín instituted three actions to recover Soconusco and lost them all. In 1544, he presented a petition against Bishop Las Casas through the court solicitor; this led to a cedula ordering a juridical inquiry which was made and carried to Spain from Guatemala. In 1555, he began another suit in Mexico against Las Casas' first successor; and in 1559, he had another pending in the Archdiocese of Mexico against Las Casas' second successor. (See Marroquín to Philip, April 20, 1556, and February 29, 1558—Marroquín, *Escritos*, pp. 304–5 and 318. Also Francisco Morales to Las Casas at court, September 1, 1559, *Colección de documentos inéditos para la historia de Hispano-América* [listed as *DIHA* in the bibliography], 1:229.)

51. In addition to the erroneous information analyzed in note 20 above, some scholars have also misinterpreted the routine cedula ordering Marroquín to observe canon law and stay out of the diocese of Chiapa—*Col. Fabié*, app. VIII (*DIE*, 70:504), wrongly dated in *Bibliog. Casas*, no. 170, as 1543 instead of 1544. No such decree is requested in Las Casas' petition.

52. Las Casas to Philip, November 9, 1545, *Opúsculos Casas*, p. 234b and compare p. 225b; also see *Catalog. Casas*, no. 35, last par.

53. *DII*, 7:216–31.

54. Incursions from Yucatán into the Provinces of War, foreseen in the petition, had already begun and would bring a protest from Bishop Las Casas (*Catalog. Casas*, no. 34). For the encomenderos' opposition to the missionaries, probably also foreseen, see Wagner and Parish, *Life and Writings of Las Casas*, p. 139 and n. 17. (Las Casas had also faced financial straits upon landing, precisely as expected, compare *Catalog. Casas*, no 31.)

55. See Dussel, *Les Évêques hispano-américains*, pp. 110–38, passim.

56. Las Casas' reports—*Tratado de Indias*, pp. 102–3, and *Opúsculos Casas*, pp. 222 and 227b—are accurate. See Robert S. Chamberlain, *The Conquest and Colonization of Yucatan*, chaps. 13–14; and William L. Sherman, "Indian Slavery and the Cerrato Reforms," *Hispanic American Historical Review* 51 (1971): 29–30.

57. The proclamation is *Opúsculos Casas*, doc. XXII. See Wagner and Parish, *Life and Writings of Las Casas*, pp. 136–38, the events according to friendly and hostile sources; and compare pp. 74 and 84, Fray Bartolomé's previous uses of ecclesiastical sanctions. Other bishops also had trouble with insubordinate chapters, see Dussel, "Les chapîtres des cathedrales," in *Les Évêques hispano-américains*, pp. 73–78.

58. The Bishop of Nicaragua's tragedy and final fate are related in unpublished letters of 1544, 1545, and 1547 from Valdivieso to Philip (AGI, Guatemala 162), as well as subsequent 1549 and 1550 correspondence between President Cerrato and the crown (AGI, Guatemala 9 and 401). Pedraza's fears were expressed in a letter of 1547 (AGI, Guatemala 164). All the foregoing documents are cited by William L. Sherman in his unpublished paper, "Dissent among the Bishops of Central America on Indian Policy," n. 35–37 and n. 33.

trary to rumor, he did not flee. Rather, as instructed by his protectorate cedula, he carried his complaints to the audiencia in Honduras, petitioning again and again for the remedy of Indian mistreatment, the prevention of slave raids, and immediate obedience to the ordinance stripping officials of their encomiendas—all in vain. Predictably, no compliance was forthcoming from Maldonado's audiencia.

So in a dramatic departure, Las Casas demanded that the audiencia fulfill its duties (under canon and civil law) by granting him the "aid of the secular arm" and enforcing the New Laws, and threatened president and judges with excommunication in three months if they did not comply. It was precisely this "aid of the secular arm" from the new audiencia that he had requested in his petition. And upon the high court's indignant refusal, the bishop—still following instructions, for this was the "unlikely case" where the audiencia would not act—next forwarded transcripts of the proceedings and a full bill of complaints against Maldonado to the government in Spain.[59]

As will become apparent, the matter did not end there; Fray Bartolomé was later to obtain decisive backing at court. It would be one of two noted occasions when settlers and an audiencia were effectively controlled by the efforts of a reforming bishop.[60]

Even stronger uses of the ecclesiastical arm marked Bishop Las Casas' response to a major reform crisis that called him away from his see in 1546. The emperor—moved by settler opposition, the danger of further rebellion in Peru, and "starting gifts" of millions of ducats—had revoked the key Law of Inheritance (and two related measures) in late 1545.[61] Actually, this particular law, as Fray Bartolomé had insisted, was no present help to the Indians, and some twenty-odd New Laws protecting the natives still remained in full force. But the reform had been breached, and Visitor General Sandoval summoned bishops and monastic superiors of New Spain to an ecclesiastical conference in Mexico City to promote the conversion and good treatment of Indians under the continuing encomienda.

On reaching Mexico in 1546, Bishop Las Casas met the altered situation with a series of significant ecclesiastical moves. Only partially known hitherto, these corresponded closely with the guidelines in his petition and his own conduct as resident bishop. Thus, at the bishops' conference proper, he promoted a unanimous declaration that, since the encomienda was theoretically for the conversion of the natives, abusive encomenderos must make restitution of excessive tributes, for the support of missionaries.[62] Also, he convoked a separate friars' conference which produced a strong condemnation of Indian slavery and called for examination of slave titles by the audiencia. Personally, he went even farther; his petition had only asked authority to examine these titles along with the audiencia, but he here declared that all slave titles were illegal, and bishops must negotiate insistently before the council for the complete emancipation of Indian slaves.[63]

All this occurred while Bishop Las Casas was preparing to return to court, a step he had long contemplated.[64] He named a vicar general to look after his diocese, and formulated his "Twelve Rules for Confessors"—a secret instruction designed to compel obedience to all the New Laws, including the one just revoked, on strictly theological grounds that challenged the legality of the conquest. This was use of the ecclesiastical arm par excellence, and was plainly subversive.[65]

So Las Casas prepared his defense against the expected charge of lese majesty in a treatise on ecclesiastical immunities—the very topic on which his petition had asked a declaration. Rebuking the viceroy and Mexican Audiencia for the civil punishment of a cleric, he persuaded his fellow bishops to petition the emperor on ecclesiastical inviolability, and then composed a daring argument of his own: "De exemptione, cum monitione." In this work, Las Casas practically threatened Prince Philip with eternal damnation if he dared lay a finger on an ecclesiastic (i.e., a bishop).[66] The prince regent apparently heeded the warning, to judge from subsequent events.

Back in Spain, in 1547, Las Casas was indeed obliged to defend his "Confesionario" (the no-longer secret rules) with two more treatises, and copies of it were ordered confiscated in the Indies;[67] also, he was almost immediately

59. See Wagner and Parish, *Life and Writings of Las Casas*, chap. 13, "No Help from the Audiencia," especially pp. 143–50, 153; and compare *Catalog. Casas*, nos. 33–38. Still unpublished are another summary of a lost petition and an exchange between Judge Herrera and the crown—*Bibliog. Casas*, no 251; and *Catalog. Vera Paz*, nos. 187 and 194.

60. The other notable case was Bishop Zumárraga's sensational August 27, 1529, complaint to the emperor against the first Mexican Audiencia—*DII*, 13:104–79—which contributed to the disgrace of President Nuño de Guzmán and the appointment and instructions of the second audiencia. For Bishop Las Casas' similar results, see note 69 below.

61. Lewis Hanke, *La lucha por la justicia en la conquista de América*, pp. 224–29 and 231–41, describes the campaign against the New Laws, and summarizes a mass of opinions on the Law of Inheritance and its revocation (full version in AGI, Indiferente General 1530 and 1624, partly printed in *DII*, v. 7 and elsewhere). The gifts made and offered to the emperor—hitherto known only from later references—are now confirmed by a secret report from a papal informant at the imperial court. (Archivio Segreto Vaticano, Segretaria di Stato, Principi e Titolari, vol. 13, fols. 29 verso to 30.)

62. Biblioteca Nacional, Madrid, ms. no. 3045, fols. 151–53.

63. The second junta is related by Remesal, *Historia de Chiapa y Guatemala*, 2:111–12; and see Wagner and Parish, *Life and Writings of Las Casas*, pp. 164–65, for a summary of other sources. On the episcopal duty, see Las Casas' *Tratado sobre los indios que se han hecho esclavos*, second corollary; and compare the end of the proofs of the first corollary, on Spaniards defying episcopal censures. (*Opúsculos Casas*, p. 281b.)

64. See Las Casas to Philip as early as September 15, 1544, from Santo Domingo, and from Gracias a Dios, November 9, 1545. (*Opúsculos Casas*, pp. 215 and 232a.)

65. See Remesal, *Historia de Chiapa y Guatemala*, 2:160–65, the two episcopal appointments of November 9 and 10, 1546, the former containing an ecclesiastical interdict in case of disobedience. *Catalog. Casas*, no. 41, describes various manuscript versions of these confessional rules, and the expansion printed later by Las Casas himself—*Aqui se contienen unos avisos y reglas para los confesores* (*Opúsculos Casas*, doc. XXVI).

66. See Parish and Weidman, *Las Casas en México*: parte I, caps. 5–8 headed "El Obispo contesta al Rey," for a full account of the writing, meaning, and apparent effect of this treatise; also the treatise itself, from the holograph Latin draft in the Bibliothèque Nationale, Paris, with a Spanish translation and analysis of sources.

67. In addition to the known "official" reaction and Las Casas' defense, there was a denunciation of the *Confesionario* to the Inquisition and a further defense. See Wagner and Parish, *Life and Writings of Las Casas*, pp. 171–74; and Parish and Weidman, *Las Casas en México*, in the section "El Obispo contesta al Rey," cap. 8.

involved in a prolonged and successful struggle to prevent revocation of additional New Laws. But he was still bishop of Chiapa for three more years, during which time he accomplished almost everything he had attempted as resident prelate.

The declaration on restitution was made general for the Indies, and the laws against abusing the natives were substantially strengthened. In 1548, a further law was promulgated, freeing most Indian slaves; and in 1549 yet another, suspending conquests.[68] On Fray Bartolomé's complaints and recommendation, Maldonado was replaced by a true reform president, Licenciado Cerrato, who enforced the remaining New Laws (plus supplements), freed the Indian slaves, and finally brought the rebellious Spaniards under control in Central America. The Provinces of War were renamed Vera Paz (True Peace) and at last protected from incursions by the Spaniards from Yucatán; a judge was sent to Chiapa to investigate Spanish mistreatment of the friars; Campeche (which had refused to receive Bishop Las Casas and the new ordinances) was made a crown town; and Montejo and the other officials were stripped of their Indians, who became free crown vassals.[69]

In 1550, Bartolomé de las Casas finally resigned his see. He was aging, "impeded," broken in health, and "certain necessary causes" made his residence impossible.[70] Personally, however, he would never abandon his interest in Chiapa or the problems he had faced as its bishop. For the present he arranged to have the vicar of his Dominican missionaries named as his successor; later on, he helped establish the Dominican province of Chiapa and Guatemala, continued to recruit friars for the area, resumed his old friendship with Bishop Marroquín, and promoted the establishment of Vera Paz as an independent bishopric. Reputedly, he even played a part in the solution of the general conflict between episcopal protectors and secular authorities by recommending special provincial visitors with broad powers to remedy the mistreatment of the Indians.[71]

Henceforth, however, he would be in fact (if not in name) the general advocate and representative of all the Indians at court—serving as adviser to crown and council on native affairs, with an official subsidy, for the remaining decade and a half of his life. But by then, the tragic lawless times in Central America were gone forever; and in that change, Las Casas as a bishop had played a major part.

---

68. See Wagner and Parish, *Life and Writings of Las Casas*, p. 127, n. 19; and also *Catalog. Casas*, no. 23, penult. par., on Las Casas rewriting his antislavery memorial at this time. See *Recopilación de leyes de los reynos de las Indias*, lib. 6, tit. 2, ley i, for the antislavery law of October 24, 1548; and Juan Friede, *Documentos inéditos para la historia de Colombia* (listed in the bibliography as *Docs. Colombia*), 10:219–20, doc. 2291, the order of December 31, 1549, prohibiting new conquests.

69. The naming of President Cerrato of the second audiencia is attributed to Las Casas by Bishop Marroquín and the Ciudad Real cabildo, writing to the prince on May 1, 1550—AGI, Guatemala 44, cited in Sherman, "Dissent among the Bishops of Central America," n. 29. Compare President Maldonado's request for Las Casas' charges and the bishop's warm recommendation of Cerrato—*Col. Fabié*, app. XIV (*DIE*, 70:550–51); and *Opúsculos Casas*, p. 214a. See further, Sherman, "Indian Slavery and the Cerrato Reforms," pp. 28–33. Las Casas defended these reforms against Bernal Díaz del Castillo, the Guatemalan representative—see *Opúsculos Casas*, doc. XXIX; also Lesley Byrd Simpson, *Studies in the Administration of the Indians of New Spain: 4. The Emancipation of the Indian Slaves and the Resettlement of the Freedmen, 1548–1553*, app. III. Bishop Las Casas' continued support for the Vera Paz mission is detailed by Saint-Lu, *La Vera Paz*, pp. 208, 212–14; and confirmed by *Catalog. Vera Paz*, nos. 196–99, 203–9, 211–12, and 214–215. The official chronicler Herrera —*Historia*, dec. 8, lib. 5, cap. 5—summarizes additional measures, including the instructions to President Cerrato. Various cedulas of 1547, backing Bishop Las Casas' episcopal authority, are given in *Col. Fabié*, app. XIII (*DIE*, 70:543–47), with an unpublished item listed in *Bibliog. Casas*, no. 260.

70. Compare with the August 4, 1550, cedula to the officials of New Spain advising them that Bishop Las Casas is "going to" resign, also the September 11, 1550, letter from Charles to his ambassador in Rome, forwarding the actual resignation. See *Bibliog. Casas*, no. 315; and *Col. Fabié*, app. XVII (*DIE*, 70:559–60). Las Casas might therefore have dated his resignation August 24, his saint's day.

Las Casas may originally have contemplated resigning the year after his return to Spain, according to a document found in AGI, Patronato 252, no. 11—part of a draft resignation which he scribbled on a letter of April 26, 1548, that he had received from Diego Ramírez. The fragment expresses his intention:

to resign on this account. Therefore I humbly beg that Your Majesty will deign to deem it good that I renounce my said bishopric: because truly, in good conscience I cannot administer it without great harm thereto [i.e., to my conscience] for the aforesaid reasons. Since I have not been able to carry out in these matters the service which I have always wanted to do for Your Majesty, as Our Lord knows—I hope to be able to supply it by importuning God to increase and prolong the [i.e., your] happy life and imperial estate at this present time and in the future, as is desired by Your Majesty.

The date is inconclusive, since Fray Bartolomé was accustomed to using his correspondence for scrap paper (see Bataillon, *Études*, "Une lettre et un brouillon," especially p. 203). But the discouraged tone and the reason given suggest 1548 rather than 1550, when the bishop had accomplished many of his goals for Chiapa and was still hoping, as late as March, to return to his see—compare *Bibliog. Casas*, no. 310.

71. See *Bibliog. Casas*, nos. 326 and 334, Casillas' interim charge and nomination, due to Las Casas' resignation, and Las Casas' ensuing subsidy at court; also Fray Juan de la Cruz, *Coronica*, fol. 222a. See *Opúsculos Casas*, doc. XXXII, Las Casas to the council on October 25, 1552, about missionary friars; Remesal, *Historia de Chiapa y Guatemala*, 2:282, on establishing the province; and Marroquín, *Escritos*, pp. 254–56 and compare p. 251, Bishop Marroquín's February 3, 1550, letter of thanks to Las Casas at court. Diego Ramírez' Chiapa investigation, made in 1548, fills 229 folios in AGI, Justicia 331. For Las Casas' influence, see Dr. Vásquez to Philip, October 10, 1559 (*DII*, 4:143); and Walter V. Scholes, *The Diego Ramírez Visita*, on provincial visitors.

# Conclusion:

## *The ecclesiastical defense of the Indians*

The appointment of Bartolomé de las Casas as bishop of Chiapa may well have been forced upon him to remove him from the court following enactment of the New Laws. But his petition shows that he accepted the miter in the hope of continuing his lifework—the defense of the Indians and the overall reform of the Indies—in a strong new episcopal role. (For decades, he had contributed towards defining and strengthening the role of ecclesiastics as reformers.)

During his episcopal stay in America, the Law of Inheritance was revoked, though most of the New Laws remained in force; and Las Casas himself was almost totally impeded in his ecclesiastical jurisdiction. Yet, despite many frustrations, in his final nonresident period at court he helped bring about many of the reforms he had attempted in vain as resident bishop: control of abuses under the encomienda, liberation of Indian slaves, administrative vigor, protection for experimental and ordinary missions, and the spread of the corregimiento. All of these legislative and practical measures constituted a continuation of his work from the period of the New Laws, and all were related to goals in his petition.

In addition, his interlude as bishop brought about a notable shift in his approach to reform. The petition shows how he reshaped his methods in terms of exerting the ecclesiastical arm. His strong episcopal actions—pastoral letter, excommunication and threatened excommunication of officials, use and prescribed use of the confessional to force restitution—were powerful exercises of that arm. And during his official nonresidence in Mexico, he strengthened and deepened his thinking thereon in two tracts: his subversive "Confesionario" (originally "Twelve Rules for Confessors"

in his own diocese); and his "De exemptione, cum monitione," in which he daringly warns the prince on the subject of ecclesiastical immunity which he had raised in the petition.

Recent narrative and institutional studies have shown how these ideas and tactics of the bishop of Chiapa were adopted, adapted, and used by other reforming bishops and friars in South America.[72] Meantime, Las Casas himself, as a retired bishop, was in a better position to continue his work at court. His episcopal rank freed him from monastic obedience, the need to submit his writings to the censorship of his order, and threat of summary imprisonment by the Inquisition.[73]

But far more significant, Bartolomé de las Casas would henceforth base his reform demands on a solid ecclesiastico-theological foundation—the law of God itself, invoked in his "Confesionario" and "La exención y la monición." This higher law, as has been observed, was not subject to legislative revocation or administrative evasion. Fray Bartolomé had already appealed to it a decade earlier, when another revocation crisis led to his drafting the scripturally based papal decrees of 1537. But the concept would assume fundamental importance in the closing phase of his career, still partly a mystery to scholars. His last titanic struggle, which blocked perpetuity for the Peruvian encomiendas and narrowly missed restoring the Inca, was based on the principles expressed in his episcopal tracts. And shortly before he died, the octogenarian "retired bishop of Chiapa" addressed to Pope Pius V a final (and fruitful) appeal for the defense of the American Indians by the ecclesiastical arm.[74]

---

72. See Juan Friede, "Las Casas and Indigenism in the Sixteenth Century," in *Bartolomé de las Casas in History,* ed. Juan Friede and Benjamin Keen: pp. 184–91, on these tactics; and pp. 193–94 and n. 271, on their use by other friars and bishops, including bishops Simancas of Cartagena and Torres of Panama, and especially Bishop Valle of Popayán. (On this last figure, see also Friede, *Vida y luchas de don Juan del Valle.*) Bishop Jerónimo de Loaysa of Lima similarly used Las Casas' "Confesionario" in formulating his own manual, approved by a junta of theologians and the Second Lima Council of 1567—see Guillermo Lohmann Villena, "La restitución por conquistadores y encomenderos," in *Anuario de estudios americanos,* 23:51–57.

73. See Ybot León on the exemption, and Las Casas' brief extending the privilege to Fray Rodrigo de Ladrada, cited in notes 2 and 19 above. As for the Inquisition, bishops were normally exempt from its jurisdiction, until the secret brief "Cum sicuti nuper" obtained against Archbishop Carranza on January 7, 1559. See José Ignacio Tellechea Idígoras, *Fray Bartolomé Carranza; documentos históricos,* (listed in the bibliography as *Docs. Carranza*), 1:3–4, doc. I. Although this brief applied to bishops "residing" in Spain, its application to bishops of the Indies is questionable; no American inquisitorial tribunal was established till 1569.

74. Las Casas' 1566 petition to St. Pius V—*Opúsculos Casas,* doc. LIII—contained a supporting treatise. The author has located this work in the Archivio Segreto of the Vatican and will relate the extensive and partly unknown results of this final appeal in a forthcoming study. See Parish, *The Rediscovery of Las Casas,* last chapter, detailing Fray Bartolomé's immediate posthumous influence on papal and royal policy and on the Jesuit missions sent to the New World by St. Francis Borgia.

# Appendix

The frontispiece of this study—"The First Move to Make Las Casas a Bishop"—shows part of a sheet from Kraus manuscript 138. These are actual minutes kept during a meeting in Barcelona in late October or early November 1542, just before the promulgation of the New Laws for the Indies.[75]

The participants comprised a sort of quorum or committee of the special imperial commission that prepared the New Laws. Antonio de León Pinelo describes their drafting procedures: the labors of the full commission, the seeking of outside opinions, and the final work of a select group that met in Cardinal Loaysa's Barcelona lodgings and conferred with the emperor.[76]

As recorded in Kraus manuscript 138, a major working paper of the commission, those present are discussing laws and appointments. The relevant portion referring to Las Casas reads as follows (italics added):

> *For the vacant bishoprics which are*
>
> that of Chiapa
> Nicaragua
> Cuzco
> Venezuela
> Santa Marta,
> there are four religious in New Spain of the
> Order of Saint Francis, who are
> Fray Antonio de Ciudad Rodrigo
> Fray Francisco Ximénez
> Fray Francisco de Soto
> Fray Toribio [Motolinía]
> of whom very good report is had.
>
> *Also it appears that Fray Bartolomé de las Casas, whom His Majesty knows well, would be well provided, and it is believed that all these will not accept unless they are compelled by a brief of His Holiness.*

Jottings on the verso list five other possible episcopal candidates "from here": a canon, three friars—of whom one was formerly in Mexico—and another friar, now in Cuzco.[77] A concluding recommendation suggests that the bishopric of Honduras should receive a royal pension.

Some general observations can be made on the basis of these notes. The meeting was evidently presided over by Cardinal Loaysa, still president of the suspended Council of the Indies, since his name prominently heads the two-column list of participants. This is obviously the first discussion of episcopal appointments. Of all the persons mentioned, only Bartolomé de las Casas was actually named to a bishopric in this period; and instead of four Franciscans, the eventual appointees included three Dominicans.[78] Further, the poverty of the bishopric of Honduras is specifically mentioned; and similar provision had to be made for a salary supplement to the impoverished bishopric of Chiapa.[79]

Finally, the paragraph discussing Las Casas is clearly set apart from the mere listing of other names. He alone is well known to the emperor and to be "well provided," i.e., given a good see; only Cuzco, among the vacancies cited, fits that description. The same paragraph anticipates refusal by "all these" unless compelled by "a papal brief"; but five coactive briefs for the first five candidates proposed would be absurd, and the immediate addition of five more names shows that there was no such intention. A direct papal order to one noted candidate, however, was a real possibility.[80]

From all the foregoing, it appears that these notes mark the start of the Loaysa-directed campaign to persuade a reluctant Fray Bartolomé to accept a bishopric. They also support the account that Cuzco was the first see offered him, and that he declined it.

---

75. Kraus ms. no. 138, in its entirety, reflects the Barcelona drafting stage of the New Laws; final consultations with the emperor were then in progress.

76. Various contemporary and near-contemporary sources identify seventeen members of the plenary commission; eleven of these are listed on the back cover of Kraus ms. no. 138; the final meeting involved only seven persons. See Antonio Rodríguez de León Pinelo, *Tratado de confirmaciones reales de encomiendas, oficios i casos,* fols. 6–9 verso.

77. Those named are Quienoyes (Quiñones), the guardian of La Aguilera; Fray Antonio de la Cruz; Fray Pablo Guedeja, formerly prior of Valle Esarsa and now in Cuzco; Fray Vicente de Santa María, formerly prior of Carrión and prior in Mexico; and Canon Argüello, in charge of "the hospital."

78. See Dussel, *Les Évêques hispano-américains,* app. I, pp. 232, 234, and 242.

79. Officials of New Spain were directed to complete the rest of Bishop Las Casas' salary of 500,000 maravedis. See *Col. Fabié,* app. VIII, first cedula (*DIE,* 70:491–92).

80. The famous Augustinian Fray Alonso de la Vera Cruz received a brief from Pope Julius III, ordering him "in virtue of holy obedience" to accept the Nicaragua see to which he had been preconized; notwithstanding, Vera Cruz wrote Philip his categorical refusal. See Ernest J. Burrus' edition of Alonso de la Vera Cruz' *Writings,* 5:259, n. 13, from the original draft in the ASV; and pp. 17–21, doc. 2 A-B, the refusal.

# Tabla de Materias

# Prólogo

Durante cuatro siglos no ha cesado la polémica sobre por qué Bartolomé de las Casas aceptó el cargo de obispo y su aparente fracaso en tal función. Las opiniones varían desde los ásperos comentarios de algunos de sus contemporáneos en el siglo dieciséis—y los panegíricos posteriores de cronistas religiosos—hasta las críticas, conjeturas y defensas de peritos de nuestro tiempo.

El presente estudio ofrece una nueva interpretación de este episodio tan discutido, basándose en un manuscrito autógrafo de Las Casas, conservado en la Colección Hans P. Kraus de Manuscritos Hispanoamericanos de la Biblioteca del Congreso. La petición del Obispo Electo Las Casas al Emperador Carlos V es el documento más importante en una colección de diecisiete manuscritos originales del siglo XVI, que se refieren al gobierno del imperio colonial español en el Nuevo Mundo. Los demás documentos de este códice, manuscritos Kraus 123 a 138, serán transcritos y analizados en otra publicación. Dada su significación extraordinaria, el decimoséptimo—manuscrito Kraus 139—se presenta aquí en edición separada, con una introducción histórica, reproducción facsimilar completa, transcripción y traducción inglesa.

Esta petición revela los planes de Fray Bartolomé para su obispado, lo cual nos permite penetrar con certeza en su pensamiento al asumir el cargo. De igual importancia es el que este manuscrito—cuando se le junta con nuevos datos sobre circunstancias, ideas, acontecimientos y personas—hace posible una rigurosa revisión de toda la actuación episcopal de Fray Bartolomé, demostrando que, a pesar de sus muchas frustraciones, logró resultados notables tanto en lo institucional y político como en lo práctico. Finalmente, la petición concuerda esta nueva imagen del Obispo Las Casas con nuevos descubrimientos sobre sus otros esfuerzos eclesiásticos, iluminando una etapa clave si bien poco conocida de la lucha a la que se consagró en favor de los indios de América.

Así como la petición no figura aislada, tampoco lo está este ensayo. A lo largo de un cuarto de siglo de investigaciones sobre Bartolomé de las Casas, he quedado en deuda amistosa con muchas personas e instituciones; quiero mencionar especialmente al tristemente fallecido Howard F. Cline, por largo tiempo director de la Fundación Hispánica de la Biblioteca del Congreso; a George P. Hammond, director emérito de la Biblioteca Bancroft de la Universidad de California; y al departamento de microfilm de la misma que durante décadas me ha procurado cantidad de documentos lascasianos existentes en el Archivo General de Indias y en otros depositorios de España, Francia, Inglaterra y América. Para el libro actual, Fray Gonzalo Bernabé Ituarte, O.P., preparó con esmero la versión española de esta monografía. Y un cuerpo de redactores y bibliógrafos expertos contribuyeron generosamente con sus talentos: J. Benedict Warren de la Universidad de Maryland; y Mary Ellis Kahler, Iris Bodin, y Ruth Freitag de la Biblioteca del Congreso. Finalmente, hago patente mi agradecimiento a la Sociedad Filosófica Americana que, con subvenciones de los fondos Johnson y Penrose, me permitió emprender la primera búsqueda seria de manuscritos relacionados con Las Casas en el Archivio Segreto Vaticano y en otros archivos menos frecuentados de Europa—investigación que ha aportado datos preciosos para la mejor comprensión del manuscrito Kraus 139, y para reinterpretar la contribución de Bartolomé de las Casas como obispo de Chiapa.

Helen Rand Parish
Berkeley, California

# Las Circunstancias:

## *Cómo llegó Las Casas a ser obispo*

Con gran apremio debió estar el Obispo Electo Bartolomé de las Casas cuando tomó la pluma para pedir al Emperador Carlos V ciertas facultades, jurisdicciones y ayudas para su diócesis de Chiapa. Con las siglas "S.C.C.M." [Sacra Cesárea Católica Majestad] inicia la petición, en el estilo compendioso de la época. Manifiestan su premura tres hojas sueltas escritas por ambos lados, en letra menuda, casi garabatos; palabras borradas y vueltas a escribir; una sección tachada, otra incompleta, una tercera insertada tardíamente; un sinnúmero de abreviaturas que exceden con mucho las acostumbradas por su autor y las permitidas por el protocolo. Parece que no tuvo tiempo de hacer una copia en limpio, añadiendo tan sólo su despedida y su firma en hoja aparte. Si no fuera por los comentarios oficiales al margen y los registros de la cubierta posterior, el documento podría pasar por un borrador.[1]

¿ Cuándo y por qué escribió Las Casas con tan inusitada urgencia al "Sacro Emperador Romano"? La petición, aunque sin fecha, contiene varios indicios sobre cuando fue escrita—especialmente el que Las Casas hable de sí mismo como "obispo electo," título que puede ocasionar confusión.[2] Sin embargo, de acuerdo con el derecho canónico, había tan solo un momento a partir del cual Fray Bartolomé, siendo religioso, podía usar tal título: al recibir licencia de su superior—fue más bien una orden—y aceptar oficialmente su nombramiento por el emperador como obispo de Chiapa. Afortunadamente tenemos ahora abundantes datos contemporáneos para detallar y fechar todas las circunstancias del caso. Junto con el documento mismo, esta auténtica informatión nos hará saber, por fin, cómo y porqué Las Casas llegó a ser obispo.

En 1542 y 1543, durante una brillante etapa de su carrera, Bartolomé de las Casas—aunque renuente—fue persuadido a aceptar un obispado americano. Un documento recientemente descubierto, que establece la fecha correcta de su nacimiento, sugiere que fue entonces en el ápice de sus fuerzas—un hombre maduro de casi sesenta años, y no un viejo de casi setenta como se ha supuesto falsamente. Llevaba dos décadas en la Orden de Predicadores, tres y media de sacerdocio y cuatro de colono en América. Había luchado en defensa de los indios cerca de veintisiete años—primero en la corte como clérigo reformador y aspirante a colonizador, después como fraile y misionero en el Nuevo Mundo y entonces, una vez más en la corte, como consejero eminente. Su actividad durante aquellos años sobrepasa en gran medida la supuesta por sus biógrafos. Empezando con la Comisión de los Jerónimos en 1517, Las Casas propuso, inició o ayudó a delinear virtualmente todas las leyes e instituciones para la reforma: el decreto para la emigración de campesinos; el cargo de protector de los indios; la alternativa básica a la encomienda, es decir el corregimiento (o pueblo bajo la corona) que hacía de los indios vasallos libres y directos del rey; la primera ordenanza contra la esclavitud de los indios; el tratado principal sobre la conversión y reducción pacífica de los naturales en lugar de la conquista armada (y parte de su aplicación práctica) ; los principales pronunciamientos papales sobre la libertad y conversión de los indios; y finalmente, su esfuerzo supremo, las "leyes y ordenanzas nuevamente hechas para la gobernación de las Indias y buen tratamiento y conservación de los indios"—las celebradas Nuevas Leyes promulgadas a fines de 1542 por el emperador Carlos V, y enmendadas e impresas oficialmente a mediados de 1543.[3]

Aún sin este despliegue de su carrera, ha sido siempre fama pública que durante 1542 y 1543 Bartolomé de las Casas gozó de especial influencia ante el emperador. En tales circunstancias nada hay de particular que se le asignara a un obispado americano.

El relato básico del ofrecimiento de la dignidad episcopal a Las Casas—la cual primero rehusó y finalmente aceptó— lo escribe el diligente cronista, Fray Antonio de Remesal. Otro episodio de la misma historia se encuentra en el testimonio dado por Fray Bartolomé en el proceso inquisitorial en contra de Carranza de Miranda. He aquí la versión de Remesal, con las fechas y el episodio adicional insertados.

En Barcelona, donde había agradecido al emperador la promulgación de las Nuevas Leyes del 20 de noviembre de 1542, Las Casas recibió un domingo por la tarde la visita de Francisco de los Cobos, secretario real, el cual le traía "la cédula de obispo del Cuzco" con el ruego de Su Majestad de aceptarla. Carlos V no obraba así por su propia cuenta sino que había sido "incitado y movido" por el Consejo de Indias. Consternado, Fray Bartolomé se limitó a dar las

---

Para más detalles sobre las publicaciones citadas y una lista de las abreviaturas utilizadas, véanse las secciones correspondientes en la Bibliografía Classificada.

1. El ms. Kraus no. 139 consta de dos pliegos o cuatro folios, 3.19 x 22.2 cms.; el último contiene la rúbrica (recto) y la cubierta (verso).

2. Para las etapas desde la elección hasta la consagración véase Enrique D. Dussel, *Les Évêques hispano-américains*, pp. 32–33; para la confusión, Henry Raup Wagner y Helen Rand Parish, *The Life and Writings of Bartolomé de las Casas*, pp. 121–22 y n. 2; para el aspecto canónico, Antonio Ybot León, *La iglesia y los eclesiásticos españoles en la empresa de Indias*, 2:177–79, sobre "los obispos frailes y las prerogatives pastorales ante sus votos."

3. Este resúmen anticipa datos nuevos en Helen Rand Parish, *The Rediscovery of Las Casas*. La fecha tradicional del nacimiento de Las Casas, 1474, base del supuesto Quinto Centenario celebrado en 1974, es errónea. Sobre el descubrimiento de un nuevo documento que establece su nacimiento en 1484 o 1485—testimonio dado el 19 de septiembre de 1516 por el clérigo Las Casas en el proceso de Nicuesa contra Colón (Archivo General de Indias, Justicia 1) —véase Helen Rand Parish y Harold E. Weidman, "El nacimiento de Las Casas," *ABC*, 3 de septiembre de 1975:4. Datos adicionales señalan el 11 de noviembre de 1484 como la fecha más probable del nacimiento de Fray Bartolomé. Véase Helen Rand Parish y Harold E. Weidman, "The correct birthdate of Bartolomé de las Casas," *Hispanic American Historical Review* 56 (August 1976:385–403, especialmente 397–401.)

gracias protocolarias, pero se rehusó a aceptar la cédula con el pretexto de que necesitaba consultar a sus superiores. Corrió la voz de su negativa y Las Casas, insistiendo en su falta de méritos, abandonó la ciudad.

Aparentemente, Fray Bartolomé volvió a la corte, viajando en su compañía a Valencia en diciembre y a Madrid en los primeros meses del año siguiente. En enero o febrero, a instancias del Consejo de Indias, trató de convencer a su amigo Carranza, a la sazón profesor en el colegio dominicano de San Gregorio en la cercana Valladolid, para que aceptara la sede del Cuzco. Carranza tampoco aceptó, y un tercer dominico, Fray Juan Solano, fué finalmente "presentado" para el cargo el primero de marzo.

Sin embargo, no habría de librarse Las Casas de la mitra; y así "con el deseo que el Cardenal Don Fray García de Loaysa y el Consejo de Indias tenían de poner en dignidad al Padre Fray Bartolomé," le ofrecieron insistentemente la sede vacante de Chiapa. A fin de cuentas, por una campaña de presión directa y por medio de los maestros del Colegio de San Gregorio, "a pura muchedumbre de ruegos y porfías, exhortaciones, amonestaciones, ejemplos, y seguridad del decir de las gentes" le persuadieron a aceptar tal obispado. (A pesar de que fue "avisado" y "presentado" el primero de marzo, él se resistió; hasta que finalmente, el seis de julio, una cédula ordenó a su provincial que le mandara aceptar.)[4]

Además de esta cédula, otros tres documentos fidedignos corroboran la versión de Remesal: se trata de dos cartas de Las Casas y el relato de un cronista anterior.[5] En la contraportada de este ensayo se presenta un nuevo manuscrito que confirma con los precedentes. Son notas de una reunión de la comisión encargada de formular las Nuevas Leyes, reunida en Barcelona de octubre a noviembre de 1542. Un comité, presidido por el Cardenal Loaysa, recomienda que se ofrezca un obispado de primer rango a "Fray Bartolomé de las Casas, que Su Majestad bien conoce," observando que un breve papal podría ser necesario para obligar la aceptación. (Véanse la contraportada y apéndice de esta obra.)

Estos simples hechos, que han dado lugar a los comentarios mas extraños y diversos en autores antiguos y modernos, pueden ser ahora objeto de una precisa y austera interpretación.

¿ Por qué rehusó Las Casas inicialmente el obispado? En primer lugar, ha de notarse que una diócesis en las Indias no era premio, sino calvario; el rechazar ofertas nada tenía de extraordinario. Por otra parte, el cargo cuzqueño era claramente peligroso dada la agitación civil peruana. Los obispados centroamericanos eran cargos de pobreza, como bien lo sabía Fray Bartolomé por los años pasados allí; y la diócesis de Chiapa, distante de la Audiencia de México y de la recién fundada Audiencia de los Confines, tendería de por sí al desórden, presentando grandes dificultades administrativas para poner en práctica las Nuevas Leyes. Aún la gloria personal encerraba algo de inquietante; posiblemente Las Casas adivinaba que sería acusado de aceptar o hasta de buscar una recompensa personal por su labor. La mayoría de estos motivos obvios, los sugiere o menciona Remesal.[6]

Pero había motivos de más peso para encontrar poco deseable el ofrecimiento. En sus cartas, Las Casas menciona repetidas veces el martirio que supuso para él, fraile sujeto a obediencia, no poder regresar a la corte para luchar en favor de los indígenas—"el cumplimiento de mis deseos antes que muera." [7] Pero ahora que, tras larga espera, había logrado volver y llevar a cabo sus reformas de más transcendencia, esperaba quedarse en España para proseguir su labor aún por terminar.

Tal intento lo demuestra claramente su contínua e intensa actividad en la corte en la primera mitad de 1543. Aunque con ciertas omisiones, existe numerosa documentación sobre estos esfuerzos: el 28 de febrero, Fray Bartolomé presentó un memorial junto con su compañero Fray Rodrigo del Andrada o Ladrada; dos cédulas del primero de marzo indican que ambos religiosos fueron llamados para asesorar al consejo; una nota del 11 de abril les ordena remitir, en el plazo de quince días, una lista de los asuntos que se han de discutir; se conserva el borrador de esta lista en la que Las Casas promete presentar alegatos adicionales contra la esclavitud de los indígenas y las conquistas; y se sabe asimismo que poco después entregó al consejo un memorial contra la esclavitud. Estos impresionantes esfuerzos produjeron algunos resultados oficiales en 1543—en las instrucciones al Licenciado López para investigar la Casa de Contratación y poner en libertad a los esclavos indígenas en Sevilla, y en las enmiendas de las Nuevas

4. Antonio de Remesal, *Historia general de las Indias occidentales, y particular de la gobernación de Chiapa y Guatemala*, 1:289–91. Para los viajes de la corte, véase Manuel de Foronda y Aguilera, *Estancias y viajes del Emperador Carlos V:* Barcelona, pp. 528–31; Valencia, pp. 532–33; y Madrid, pp. 535, 537–40. Para los viajes de Las Casas, compárese sus *Obras escogidas*, v. 5, *Opúsculos, cartas y memoriales* (en adelante se cita *Opúsculos Casas*), p. xiv, la fecha de los docs. XIV y XV. El Consejero Bernal Díaz de Luco llevó la cédula del Cuzco a Carranza; y Las Casas mismo cuenta que intentó convencer a su amigo. Véase José Ignacio Tellechea Idígoras, *El Arzobispo Carranza y su tiempo*, t. 2: "Las Casas y Carranza," p. 17 y ap. III, p. 56. Para la presentación de Solano, véase Dussel, *Les Evêques hispano-américains*, ap. I, p. 242. Los documentos de Las Casas están ennumerados en Ernst Schäfer, *El Consejo Real y Supremo de las Indias*, 2:573— la notificación; André Saint Lu, *La Vera Paz*, "Catalogue documentaire et bibliographique" (en adelante se cita *Catalog. Vera Paz*), no. 115— la presentación; y Lewis Hanke y Manuel Giménez Fernández, *Bartolomé de las Casas . . . bibliografía crítica* (en adelante se cita *Bibliog. Casas*), no. 185—la cédula al provincial.

5. Así en Las Casas a Felipe, noviembre 9, 1545, y el Obispo Zumárraga y Fray Domingo de Betanzos al mismo el 2 de febrero 1545, citando una carta anterior de Fray Bartolomé. (Véase *Opúsculos Casas*, p. 232a; y compárese *Colección de documentos inéditos . . . del [Archivo] de Indias* [en adelante se cita *DII*], 13:531.) El cronista anterior es Fray Juan de la Cruz, cuya rara y poco conocida *Coronica de la Orden de Predicadores* contiene la primera biografía publicada de Las Casas: lib. 4, cap. 39, "De Fray Bartolomé de las Casas, Obispo de Chiapa." Fray Juan escribió en los últimos años de la vida de Las Casas y se valió de abundante información oral sobre los contemporáneos. Relata (fol. 221 verso) que Fray Bartolomé rechazó la oferta del emperador de la diócesis del Cuzco, "que vale 20,000 ducados de renta"; y que más tarde aceptó un obispado sólo a instancias de sus aliados reformadores, escogiendo de entre los muchos vacantes el más pobre y mas difícil de gobernar. Pedro Gutiérrez de Santa Clara, en su más conocida *Historia de las guerras civiles del Perú*, 1:40, no hace más que resumir a Fray Juan de la Cruz.

6. Remesal, *Historia de Chiapa y Guatemala*, lib. 4, cap. 13, seccs. 2 y 4; también lib. 7, cap. 16, secc. 3.

7. Las Casas al consejo, abril 30 de 1534, y a un personaje de la corte, octubre 15 de 1535, *Opúsculos Casas*, pp. 59a, 63 y 68b. Las Casas regresó finalmente a la corte en 1540, después de una ausencia de veinte años.

Leyes, promulgadas por el consejo el 4 de junio.[8]

Pero sobre todo, esta serie de trabajos revela a ciencia cierta lo que más preocupaba entonces a Bartolomé de las Casas. Todavía no estaba satisfecho con las Nuevas Leyes, muy en particular con la Ley de Herencia, la cual dejaba a la mayoría de los indios sujetos a encomiendas. Los naturales serían liberados tan sólo en un futuro indefinido cuando tales encomiendas caducaran a favor de la corona a la muerte de sus dueños; por ello Fray Bartolomé pidió un mayor control de los abusos existentes en relación con los tributos y los servicios personales. También quería que se convocaran otras juntas o comisiones para promulgar leyes más estrictas contra la conquista y esclavitud de los indios, y poder así liberar a los que habían sido esclavizados ilegalmente. Lo más interesante para nosotros es que proponía el nombramiento de un procurador y defensor general de todos los indios, con residencia permanente en la corte, sin duda pensando en sí mismo para desempeñar ese cargo.[9]

Parece como si las fuertes presiones que le obligaron a aceptar la mitra y volver a las Indias, precisamente en este momento, fueran el esfuerzo deliberado de alguien que quisiera interrumpir e impedirle en el apogeo de su carrera.

El Cardenal García de Loaysa, en cuanto se puede averiguar, quizás intentaría exactamente esto. Después de veinte años como presidente del Consejo de Indias y tres como gobernador "de facto," Loaysa había sido tácitamente privado de su vasto poder, en parte como resultado de una "visita"—instigada principalmente por Fray Bartolomé.[10]

Esta investigación secreta fue iniciada por el emperador en persona y completada por el regente, Doctor Figueroa. Se descubrió que dos miembros del consejo habían recibido sobornos: el Doctor Beltrán, que había aceptado obsequios para sí y para sus parientes de Pizarro y otros personajes del Nuevo Mundo; y el Obispo Suárez de Carvajal, por coincidencia sobrino del cardenal, que había también retenido indebidamente dineros de Almagro. Los dos consejeros culpables fueron destituídos, castigados y reemplazados por reformistas. Por si fuera poco, todos los escritores contemporáneos insinúan que el mismo Loaysa estaba implicado; pero que, en vista de su alta jerarquía y de sus anteriores cargos como confesor imperial y maestro general de los dominicos, el emperador no lo destituyó. Por el contrario le permitió conservar su título y presidir brevemente el reor-

ganizado consejo; pero un reformador eminente, el Obispo Sebastián Ramírez de Fuenleal, fué nombrado vicepresidente permanente, y el achacoso cardenal pudo retirarse discretamente a su diócesis en el otoño de 1543.[11] El breve regreso de Loaysa a la presidencia coincide con el período en que se ejercía presión sobre Fray Bartolomé de las Casas para que aceptara la sede de Chiapa.

Además, aunque no sea un hecho generalmente conocido, el Cardenal Loaysa fué siempre enemigo de reformas drásticas en pro de los indios. Hace una década, había derogado una importante ley contra la esclavitud promulgada durante su ausencia en Italia, y emitido una nueva autorización esclavista—provocando así una enérgica reacción de los principales reformadores en las Indias, inclusive Las Casas. En 1538, por medio del *pase regio* bajo el patronato real, confiscó todos los documentos papales obtenidos por Fray Bernardino Minaya en favor de los indios—dos de ellos redactados por Las Casas en respuesta a aquella revocación. Ultimamente, en la comisión especial que con ayuda considerable de Las Casas preparó las Nuevas Leyes, Loaysa y Cobos se habían opuesto a la supresión de la encomienda. Y en los años siguientes el cardenal (aunque ya sin su antíguo poder) habría de desempeñar un importante papel en los esfuerzos orientados a revocar algunas secciones básicas de las Nuevas Leyes—esfuerzos premiados por los

8. Véanse, en Bartolomé de las Casas, *Tratado de Indias y el Doctor Sepúlveda*: la presentación de febrero, p. 106; el memorial conjunto pp. 106–22; la nota de abril, p. 122; el sumario por puntos, pp. 122–44; también, la promesa de Las Casas de presentar otros memoriales, pp. 126, 128–29, 139–40. Las cédulas del primero de marzo de 1543 y las instrucciones a López se encuentran en *Bibliog. Casas*, nos. 172–75 y 192; la declaración del 4 de junio, en la edición oficial de *Leyes nuevas de Indias*. Las Casas refiere que dejó un memorial antiesclavitud con el consejo—véase Wagner y Parish, *Life and Writings of Las Casas*, "Narrative and Critical Catalogue of Casas' Writings" (en adelante se cita *Catalog. Casas*), no. 23, últ. párr.

9. *Opúsculos Casas*, doc. XV, pp. 181–90, el memorial conjunto; pp. 190–203, el sumario por puntos; y véase especialmente p. 202.

10. Amigos y enemigos concuerdan que Las Casas se alegró por este triunfo. Véanse Francisco Ximénez, *Historia de la provincia de San Vicente de Chiapa y Guatemala de la Orden de Predicadores*, 1:272; y *DII*, 7:160. El papel de Fray Bartolomé lo afirman Antonio de Herrera y Tordesillas, *Historia general de los hechos de los Castellanos en las Islas i tierra firme del Mar oceano*, dec. 7, lib. 4, cap. 17; y Alonso de Santa Cruz, *Crónica del emperador Carlos V*, 4:221.

11. Las actas de esta investigación no han sido encontradas. En dos manuscritos del Escorial se insinúa, y se afirma con base en rumores, la culpabilidad de Loaysa. Véase *Catálogo de los códices españoles de la Biblioteca del Escorial* (en la bibliografía, *Catalog. Escorial Miguélez*), 1:246, no. 83; y también Fernando Rubio, "Las noticias referentes a América, contenidas en el manuscrito V-II-4 de la Biblioteca de El Escorial," *Revista de Indias* 11 (enero/junio 1951): 112–13 y 115–16. La historia completa de la visita del consejo, con indicios claros sobre Loaysa, es contada por cronistas que se encontraban entonces en la corte o que conocían a los protagonistas: Francisco López de Gómara, *Hispania victrix, Primera y segunda parte de la Historia general de las Indias*, p. 249b; Santa Cruz, *Crónica de Carlos V*, 4:221, 317–19; y especialmente Juan Ginés de Sepúlveda, *De Rebus Gestis Caroli-Quinti*, lib. 21, seccs. 33–35. Sepúlveda, íntimo del emperador, cuenta los pormenores de cada paso en el procedimiento secreto y las destituciones por delitos cometidos, y añade:

. . . era voz común que por la misma causa (eodem jure) Carlos pudo abrogar la presidencia del mismo Cardenal, lo cual no estaba lejos de su mente, aún habiendo convocado al Obispo de Cuenca—[Ramírez de Fuenleal,] que ya mostramos ser el Presidente de la Audiencia de Valladolid—para que él pudiera ser sustituido en su lugar; pero que al final Carlos respetó la dignidad del oficio [del Cardenal], al cual este había sido elevado por su propio patrocinio real; también Carlos se sintió cohibido muy especialmente por esta consideración: no fuera que él mismo condenara abiertamente las costumbres (mores) de un hombre que, por algunos años, [Carlos] había tenido como su ministro del sacramento de la confesión y director espiritual.

XXXV. De hecho, el Obispo de Cuenca . . . sucedió en lugar del Conde de Osorno, que solía presidir el Consejo de Indias como sustituto del Cardenal ausente . . . .

Documentos conocidos—resumidos por Schäfer, *El Consejo de Indias*, 1:63–66, 71–72 y 75—refieren la suspensión del consejo; las sentencias y la apelación del Doctor Beltrán; las instrucciones de Carlos a Felipe para que induzca discretamente a Loaysa a que se retire; y el breve regreso del cardenal al consejo, desde fines de febrero hasta fines de septiembre de 1543. Carecemos de detalles completos sobre las ofensas menos graves del Obispo Suárez de Carvajal, pero un cronista contemporáneo afirma contundentemente que ambos, él y el Doctor Beltrán, "fueron hallados . . . muy culpables en grandes cohechos,"—Rubio, "Las noticias en el manuscrito V-II-4," p. 115, sacadas de Páez de Castro.

colonos con un generoso "donativo" pero, en último término, frustrados por Las Casas.[12] Se ve claro que a Loaysa no le faltaban motivos, tanto personales como políticos, para querer alejar de la corte a Fray Bartolomé.

Sin embargo, Las Casas aceptó el obispado, y las circunstancias, que coinciden con el término de sus esfuerzos en cuanto a las Nuevas Leyes, se pueden determinar con bastante exactitud.

Las enmiendas a las Nuevas Leyes se otorgaron en Valladolid el 4 de junio de 1543; unas semanas después en el mismo mes, Fray Bartolomé participó al príncipe su intento de aceptar el cargo; el 8 de julio los textos oficiales de las "leyes y ordenanzas" salieron de la imprenta; y apenas dos días antes, o sea el 6 de julio, se expidió por fin la cédula real ordenando a Fray Pedro Lozano, el provincial de Castilla (y rector del Colegio de San Gregorio) que permita y mande a Fray Bartolomé de las Casas aceptar el obispado de Chiapa.[13] Las formalidades tuvieron lugar allí mismo, puesto que Fray Bartolomé necesitaba otro permiso para su próxima empresa. Poco después salió de Valladolid para proseguir una tarea que le ocuparía el resto de 1543—el reclutamiento de misioneros para América Central en los conventos de la provincia de Castilla.[14] Aquel año volvió a la corte tan sólo un día aislado y una semana o poco más a fines de octubre; salió de nuevo para asistir al capítulo provincial de su órden en Toledo en noviembre. Fue hasta el principio del año siguiente cuando se halló otra vez en la corte—negociando y recibiendo, el 19 de enero de 1544, ayuda de costa así como varias cédulas para los cuarenta domínicos dispuestos a acompañarle a las Indias.[15]

Debe haber sido pues en su regreso a la corte a fines de octubre cuando el Obispo Electo Las Casas apresuradamente escribió y despachó su petición al emperador. Carlos V se encontraba en los Países Bajos y, tras mandar sus tropas como de costumbre a los cuarteles de invierno, atendió asuntos administrativos en Bruselas del 23 de noviembre al 2 de enero, y luego se dirigió lentamente a la dieta de Espira; su respuesta a la petición llegó a España ciertamente a principios de febrero—el portador es desconocido.[16] Pero conocemos las prisas del obispo electo, coaccionándole el consejo para que partiera hacia las Indias en la siguiente flota, sin esperar siquiera las bulas para su consagración. Así se manifiesta en la introducción a la petición, y es corroborado plenamente por una resolución del consejo y dos cartas de Fray Bartolomé. Conocedor de la indebida presión de que era objeto, habría de quejarse después.[17]

¿ Entonces, por qué aceptó? Remesal nos da este convincente argumento official que confirman otras fuentes: se necesitaban urgentemente tanto nuevos obispos como nuevos administradores para ayudar a poner en efecto las Nuevas Leyes, y el consejo insistía, lógicamente, en que Las Casas fuera uno de ellos.[18] Fray Juan de la Cruz afirmó, escri-

---

12. La imágen errada de un Loaysa "indiófilo" derive de que se le atribuye varias medidas reformadoras, promulgadas en su presidencia de veinte y tantos años, pero en realidad emitidas durante plazos cuando él no presidía el Consejo de Indias. Su nueva provisión esclavista, su insistencia en la incapacidad de los indios, y su papel en la confiscación y en el secuestro de Minaya, todo esto lo cuenta el mismo Minaya en un memorial de 1562 a Felipe—véase el ap. 2 en Lewis Hanke, "Pope Paul III and the American Indians," *Harvard Theological Review* 30 (1937). Para la oposición de Loaysa a la Ley de Herencia y su papel en la revocación, véanse Wagner y Parish, *Life and Writings of Las Casas*, p. 113 y ms. Kraus no. 127. Sepúlveda revela que Loaysa le persuadió a escribir un tratado en defensa de la conquista, y Las Casas explica que esto era otro intento de revocacion —Antonio Maria Fabié y Escudero, *Vida y escritos de don fray Bartolomé de las Casas, obispo de Chiapa*, v. 2; *Apéndices* (en adelante se cita *Col. Fabié*), app. XXV y compárese ap. XXIV. (También en *Colección de documentos inéditos para la historia de España* [en adelante se cita *DIE*], 71:336 y compárese 71:332.) El cabildo de México votó que se premiara a Sepúlveda—véase *Bibliog. Casas*, no. 392.

13. Dicha intención consabida va implícita en la carta enviada a Roma por Felipe el 16 de junio de 1543, solicitando ciertos privilegios papales para el Obispo Electo Las Casas—Archivo General de Indias, Guatemala 393, lib. 2, fols. 199 verso a 202 verso. El 30 de junio de 1543, Fray Bartolomé obtuvo una serie de decretos para la misión de las Provincias de Guerra; el mismo día, el príncipe envió a Roma un traslado de su presentación. (*Catalog. Vera Paz*, nos. 137–41; y AGI, Guatemala 393, lib. 2, fol. 205.) Simultáneamente con la cédula al Provincial Lozano del 6 de julio de 1543, el príncipe contrató con un tal Pedro Navarro para apresurar el despacho de ciertas bulas y breves, inclusive los del Obispo Electo Las Casas— AGI, Indiferente General 423, lib. 20, fols. 146 verso a 147 y 134 verso a 135 (registrados en *Bibliog. Casas*, nos. 185 y 182, la última con fecha errónea de junio).

14. Remesal, *Historia de Chiapa y Guatemala*, 1:288, 292, 316; y véase 232–33, anterior reclutamiento de Fray Bartolomé. Remesal coloca equivocadamente la fecha del capítulo provincial dominico entre Pentecostés y la Ascensión—véase nota 15 infra.

15. El 7 de septiembre de 1543, quizás recapacitando, Fray Bartolomé obtuvo tres cédulas más para las Provincias de Guerra, así como una orden para el mantenimiento de sus misioneros antes de zarpar. (*Catalog. Vera Paz*, nos. 142–43; y *Bibliog. Casas*, no. 186.) El 23 de octubre consiguió una orden relacionada con su diócesis, y el 31 de octubre, unas instrucciones a superiores religiosos para que le asistieran en su reclutamiento—*Bibliog. Casas*, nos. 189, 190. Remesal describe acertadamente las elecciones en el capítulo provincial dominico; aunque solían celebrarse más temprano, en 1543 esta reunión tuvo lugar el 25 de noviembre—Archivio Generale della Ordine dei Predicatori, ser. 13, no. 26045. Para los documentos lascasianos del 19 de enero de 1544, véanse *Bibliog. Casas*, nos. 194–95, y *Catalog. Vera Paz*, no. 146.

16. A fines de octubre el obispo electo pensaba en problemas chiapanecos—compárese la orden del 23 de octubre de 1543, para moderar los tributos en su diócesis, *Bibliog. Casas*, no. 189. Para los movimientos del emperador, véase Foronda, *Estancias y viajes de Carlos V*, pp. 552–58, especialmente 556–57. La respuesta real, tornando la petición al consejo para más consultas y acción final, debe haber llegado a España a fines de enero o principios de febrero, ya que las cedulas resultantes fueron emitidas el 13 y el 23 de febrero de 1544—véase nota 38 infra. Quizás hubo un mensajero oficial; anteriormente, Fray Jacobo de Tastera había llevado al emperador una carta de Fray Bartolomé—compárese *Col. Fabié*, ap. VII (*DIE*, 70:490).

17. Véanse la petición, párr. introd.; y la cédula del 13 de febrero de 1544, mandando al obispo electo que parte con brevedad hacia las Indias de acuerdo con una decisión anterior del consejo—*Col. Fabié*, ap. VIII (*DIE*, 70:502). (Quizás esta resolución fue uno de los últimos actos de Loaysa antes de marcharse a Sevilla hacia el 21 de septiembre de 1543, compárese Schäfer, *El Consejo de Indias*, 1:75, n. 3.) Véanse también las cartas de Las Casas a Felipe, desde Tabasco el 12 de febrero y desde Gracias a Dios, Honduras, el 25 de octubre de 1545, en las cuales dice que el príncipe y sobre todo el consejo le apremiaban para que partiera—Casas, *Tratado de Indias*, p. 100; y *Opúsculos Casas*, p. 231b.

18. Remesal, *Historia de Chiapa y Guatemala*, lib. 4, cap. 13, sec. 4. Nombramientos administrativos y episcopales se discutieron en la reunión de Barcelona registrada en las hojas finales del ms. Kraus no. 138. Fray Juan de la Cruz, *Coronica*, fol. 221 verso, dice que en el período posterior a las Nuevas Leyes, se daban las sedes vacantes en las Indias a candidatos propuestos por Fray Bartolomé; Pedro Gutiérrez de Santa Clara, *Historia de las guerras civiles del Perú*, 1:40, repite tal aserto. Y Dussel, *Les Évêques hispano-américains*, pp. 117, 121, y 126–27, cita obispos nombrados entonces y después, aparentemente muchos recomendados por Las Casas.

biendo durante la vida de Las Casas, que los reformistas usaron otro argumento aún más convincente: al recibir permiso de aceptar la dignidad, Fray Bartolomé quedaría dispensado canónicamente del voto de obediencia que podía de otra manera obstruir su labor indigenista.[19] Algunos de sus contemporáneos le acusaron de ambicionar el cargo episcopal desde el principio; y algunos estudiosos modernos afirman que Las Casas tenía puesta la mira en la diócesis de Chiapa desde sus días de Guatemala—una con- clusión infundada basada en una lectura inexacta de los documentos.[20]

Como veremos, la petición a Carlos V, escrita con tal prisa y bajo tales presiones, nos da por fin una solución definitiva. Bartolomé de las Casas aceptó la mitra de Chiapa con miras a poner en práctica sus principios, sostenidos desde mucho tiempo atrás, sobre el papel de los eclesiásti- cos en la reforma de las Indias.

---

19. Véanse Fray Juan de la Cruz, *Coronica*, fol. 221 verso; e Ybot León, citado en nota 2 supra. El emperador tuvo que pedir permiso especial del provincial para que Fray Bartolomé pudiera trabajar en la corte durante el período de las Nuevas Leyes—véanse *Col. Fabié*, ap. VII (*DIE*, 70:490) ; y *Bibliog. Casas*, no. 175. Privilegios papales especiales, obtenidos en favor del Obispo Las Casas, eximían a su compañero Fray Rodrigo y a otros cinco dominicos de la autoridad de cualquier provincial—véase *Col. Fabié*, resúmen al final de ap. IX (*DIE*, 70:526).

20. Véase Marcel Bataillon, *Études Sur Bartolomé de las Casas*, pp. 186–88 y xiv–xv, la errónea especulación inicial y su retractación subsecuente; sin embargo, dicho error ha crecido mediante repe- ticiones nada críticas por otros autores. Documentos conocidos con- tradicen los supuestos "hechos" y su interpretación (p. 188) : a pesar de posteriores afirmaciones defensivas, el Obispo Marroquín había solicitado y obtenido anexar temporalmente Chiapa a su propia diócesis en 1538; la sede de Chiapa fue eregida luego en el mismo año de 1538 (y no en 1539), y ocupada por un titular sin interrup- ción hasta el 8 de septiembre de 1541 (y no de 1540) . Y hay evidencia que, en España a fines de 1540, Fray Bartolomé colaboró estrecha- mente con el entonces obispo de Chiapa. Véanse notas 27 y 47 infra y textos correspondientes.

# La Petición:

## *Lo que Las Casas anhelaba realizar cómo obispo*

Todos los planes de Las Casas en la nueva orientación de su carrera quedan esbozados en la petición. No se trata de simples medios pragmáticos para su diócesis chiapaneca ni tampoco de un plan personal para poner en efecto las Nuevas Leyes, sino del objetivo mucho más amplio de hacer uso de su prelatura en beneficio de todos los naturales.

Hay varias maneras de analizar el documento. A primera vista se notan una sección introductoria y treinta párrafos sin numerar y desconectados. Un examen más minucioso demuestra que la numeración original de los folios está desgastada y que éstos fueron encuadernados en orden incorrecto; cuando se les devuelve su colocación original, resalta la secuencia lógica de los temas: nuevas fronteras, administración, indios, etc.[21] En la mayoría de los asuntos tratados se manifiesta la gran experiencia del autor con los problemas de América Central, región en la que de hecho Fray Bartolomé pasó cinco años como misionero, predicador, vicario conventual y vicario general diocesano. Además, en toda la petición predomina un tono de urgencia: si Las Casas debe embarcarse antes de su consagración, necesitará facultades provisionales; también solicita ayuda financiera de emergencia en Sevilla y en las Indias; y dado que no puede enumerar todos los detalles, promete presentar otro memorial. [Párrs. introd., 7 y 23–27.]

Superficialmente, todo esto parece un esquema práctico esbozado para una situación inmediata; pero para una comprensión más profunda, la petición debe examinarse a la luz de las ideas anteriores de Las Casas sobre cómo los obispos y religiosos podían fomentar el bienestar de los naturales y la reforma total de las Indias.

Tales ideas anteriores han sido, en general, ignoradas. Los historiadores de instituciones señalan solamente que Fray Bartolomé fue el primer protector oficial de los indios de 1516 a 1517, función que a partir de entonces fue asignada a los obispos.[22] No obstante, se debe agregar que desde su primer período en la corte flamenca hasta su regreso a la corte en 1540, Las Casas hizo tres propuestas importantes sobre reformadores eclesiásticos, y por lo menos dos de ellas fueron transformadas en decretos reales y papales.

La primera propuesta fue su proyecto de Tierra Firme, el cual ha recibido cierta atención de los historiadores. Presentada dos veces en 1518 y reiterada en lo básico en 1531, era "un proyecto grandioso para Tierra Firme: bajo el mando tácito de los obispos, bandas de frailes convertirían a los indios y les persuadirían a pagar tributos, y los colonos españoles serían controlados e impedidos de traficar con

esclavos."[23] El plan trataba esencialmente de reformar la colonización; los españoles se ocuparían en el provechoso comercio del rescate y los indios convertidos serían reducidos (reunidos) pacíficamente a pueblos libres bajo la corona. Nunca se puso en práctica este grandioso esquema, a no ser de una manera parcial, en el fracasado intento del mismo Las Casas, entre 1520 y 1522, de fundar una colonia en torno a las misiones domínicas y franciscanas.

Un papel eclesiástico mucho más amplio fue asignado en el breve papal "Pastorale officium" promulgado el 29 de mayo de 1537, basado casi seguramente en una propuesta preliminar de Fray Bartolomé. El hasta ahora desconocido papel de Las Casas en los decretos memorables de Pablo III en pro de los indios de América, lo detallaremos en un estudio basado en documentación nueva.[24] Por el momento basta concentrarnos en el breve coactivo dirigido al primado (o prelado mayor) de España, Cardenal Tavera, arzobispo de Toledo, ordenándole insistir en la conversión pacífica de los indios, a quienes se reconoce completamente humanos y capaces de recibir la Fé; y excomulgar, por sí mismo o por otros—esto es, obispos y/o frailes en las Indias—a cualquiera que privara a los nativos de sus bienes o de su libertad.[25] Por supuesto, al año siguiente el emperador convenció al papa de que revocara este breve tan radical.[26] Pero Fray Bartolomé nunca abandonó la idea de un brazo eclesiástico independiente para defender a los indios.

Su final proyecto preliminar sobre el episcopado de las Indias aparece en una cédula de 1540 dada por el Consejo de Indias al entonces obispo de Chiapa, Juan de Arteaga—

---

21. Los actuales mss. Kraus nos. 123 a 139 fueron encuadernados, a principios del siglo décimonono, para el bibliófilo irlandés William Horatio Crawford en un solo tomo con el título "Varios pareceres manuscritos originales sobre legislación de Indias, siglo XVI."

22. Véase Dussel, *Les Évêques hispano-américains*, "Les évêques protecteurs de l'indien (1528–1544)," pp. 110–24.

23. Wagner y Parish, *Life and Writings of Las Casas*, p. 125. Veánse *Opúsculos Casas*, doc. IV, pp. 31–33, el plan fundamental; doc. V, pp. 35–39, el financiamiento (los obispos reciben sólo comida y ornamentos); doc. VII, pp. 52–53, la reiteración.

24. Véase Helen Rand Parish y Harold E. Weidman, *Las Casas en México*, caps. 1–4 encabezados "Fray Bartolomé y los decretos papales," basados en manuscritos del Archivo General de Indias, el Archivio Segreto Vaticano, la Biblioteca Universitaria en Salamanca, la Biblioteca Nacional en Madrid, la Bibliothèque Nationale en París, la Biblioteca Ambrosiana en Milán—así como impresos mexicanos y romanos extremamente raros.

25. Véase el texto completo en Francisco Javier Hernáez, *Colección de bulas, breves y otros documentos relativos a la Iglesia de América y Filipinas* (en la bibliografía, *Col. Hernáez*), 1:101–2; el original confiscado se encuentra en AGI, Patronato 1, ramo 1, no. 37.

26. Véase Hanke, "Pope Paul III and the American Indians," inserto, pp. 87–88, y 92–93—la copia facsimilar y la transcripción del breve de revocación "Non indecens videtur," y un relato de las circunstancias en que fue emitido el 19 de junio de 1538. Escritores modernos se han confundido respecto a las dos encíclicas papales "Altitudo divini consilii" y "Sublimis Deus," promulgadas el primero y el segundo de junio de 1537 respectivamente, y desconocen los memoriales y borradores preliminares de Fray Juan de Oseguera, O.S.A., y Fray Bartolomé de las Casas; aún el emperador y el consejo se confundieron respecto a lo que se revocó.

decreto sin duda inspirado por Las Casas, quien se encontraba en estos mismos momentos en la corte, procurando cédulas para el experimento de conversión y reducción pacífica (sin encomiendas). El mismo Fray Bartolomé había comenzado tal misión en 1537 en las Provincias de Guerra guatemaltecas [27]—y este notable decreto al Obispo Arteaga autoriza la extensión de su proyecto predilecto a la vecina diócesis de Chiapa bajo la égida episcopal.[28]

Así pues, como lo revela la petición, Bartolomé de las Casas aceptó la misma sede chiapaneca con la intención de realizar sus tres proyectos anteriores en un vastísimo experimento del episcopado indiano. Cada proyecto es presentado como una meta a lograr, anunciada en la introducción y desarrollada en párrafos subsecuentes; y en todos se nota una clara continuidad con la labor de Fray Bartolomé en el período de las Nuevas Leyes.

*La conversión y reducción pacífica de indios no conquistados* "por aquellas gentes y tierras comarcanas de aquel obispado" [párr. introd.] se presenta como fin principal del obispo electo y como la razón por la que acepta.

Para comenzar, pide que se determinen las fronteras de su diócesis [párr. 1], e inmediatamente hace su primera solicitud importante—que las Provincias de Guerra guatemaltecas pasen a su jurisdicción:

> *Que las provincias de guerra que se llaman Teçulutlán y Lacandón, etc.*, que él y sus compañeros an trabajado de asegurar y traer de paz, que están muy propincuas a la dicha Ciudad y Provincia de Chiapa, entren dentro de los límites de su diócesis, *pues esta fue la principal causa por la cual aceptó aquel obispado*, conviene a saber por poder mejor proseguir y effectuar la pacificación y conversión de las gentes dellas y *que éstas lleguen hasta el Golfo Dulce inclusive con la tierra de Yucatán.* [Párr. 2, letra itálica nuestra.]

En contraste con la amplia aplicación de tal principio teórico en la cédula al Obispo Arteaga, ésta es una propuesta absolutamente pragmática. Aquí y en otro lugar de la petición, el Obispo Electo Las Casas precisa dos regiones comarcanas para realizar la reducción pacífica: las Provincias de Guerra que él y sus hermanos de hábito ya "an trabajado de asegurar y traer de paz," y Yucatán, donde su amigo Fray Jacobo de Tastera y los franciscanos habían intentado un experimento similar en 1538. Para las Provincias de Guerra Las Casas pide solamente concesiones menores [párrs. 19, 20], pues poco antes había conseguido muchas cédulas respaldando la misión dominica con su estipulada exclusión de españoles.[29] En cambio para Yucatán, donde los traficantes de esclavos habían frustrado la misión franciscana, suplica insistentemente la expulsión de españoles indeseables: prófugos refugiados, todos los conquistadores crueles que allí se hallen y el anciano Adelantado Montejo.

[Párrs. 28–29.] En las secciones de la petición referentes a Yucatán se nota un conocimiento detallado de los sucesos y condiciones que sólo Tastera, quien colaboró con Las Casas en España en 1540, podía haberle facilitado. Tales párrafos confirman directamente el famoso relato en la *Brevissima relación* sobre Fray Jacobo en Yucatán, y la información, ahora perdida, sobre el mismo tema que Fray Bartolomé había presentado al consejo.[30]

Toda esta parte de la petición, que trata de la reducción pacífica, refleja sugerencias concretas ya hechas por Fray Bartolomé durante la elaboración y enmienda de las ordenanzas para la reforma. Con anterioridad a la promulgación, había propuesto la expulsión de los principales agitadores del Perú antes de que llegara el virrey con las Nuevas Leyes; y en los asuntos que trató después, había sugerido que se perdonara a los traficantes de esclavos refugiados en Yucatán para animarlos a salir de allí—propuesta casi idéntica a una que ahora hace como obispo electo.[31]

*Fortalecer el brazo eclesiástico* y el protectorado es el segundo proyecto, no menos importante, del obispo electo. En la introducción define esta meta como "la conservación de los yndios que ya están reduzidos"; y en la primera mitad de la petición [párrs. 3 a 16] subraya, punto por punto, la función episcopal de proteger de los abusos españoles a los naturales ya conquistados. Toda esta sección expresa su deseo de ayudar a poner en vigor las Nuevas Leyes en su calidad de obispo protector de los indios.

Fray Bartolomé no menciona la palabra *protector* aunque es muy posible que ya se le hubiera otorgado el nombramiento de rutina. En cambio, detalla concretamente las facultades generales y específicas que necesitará para ayudar a imponer las Nuevas Leyes y llevar a cabo sus propios planes de reforma. Así, pide "poder y facultad" para nombrar "visitadores" que examinen el trato que se da a los indios en todo su obispado, especialmente en las provincias de Chiapa, Tabasco y Guaçacualco [Coatzacoalcos] que están muy alejadas de la nueva audiencia [párrs. 10, 11]. Además desea hacer una "visita" especial al corregidor y demás oficiales de Soconusco, donde "suelen allí robar y hazer muchos agravios" [párr. 9]—agravios ya mencionados por él en su memorial conjunto después de promulgadas las Nuevas Leyes.[32] En cuanto a los tributos, pide la facultad (previamente otorgada al Obispo Arteaga) de participar en

---

27. Fray Bartolomé obtuvo unas veinte cédulas entre el 10 de octubre y el 14 de noviembre de 1540—*Catalog. Vera Paz*, nos. 73–89. Casi simultáneamente, el Obispo Arteaga recibió nueve cédulas y sus ejecutoriales entre octubre 29 y noviembre 22 de 1540. Véanse traducciones y resúmenes del AGI, en Robert S. Chamberlain, "The Governorship of the Adelantado Francisco de Montejo in Chiapas, 1539–1544," *Contributions to American Anthropology and History* 9:185b–188a; y compárense sumarios de documentos del consejo por Antonio Rodríguez de León Pinelo, *Indice general de los papeles del Consejo de Indias*, en *Colección de documentos inéditos . . . de ultramar* (en adelante se cita *DIU*), 17:156.

28. Véase Chamberlain, "Montejo in Chiapas," p. 188b, para una traducción inglesa de la cédula a Arteaga del 16 de diciembre de 1540 (AGI, Guatemala 393, lib. 2).

29. Véanse notas 12 y 27 supra, para las cédulas de 1540 y 1541 referentes a las Provincias de Guerra; se emitieron otras en 1543—*Catalog. Vera Paz*, nos. 118, 120–35, 137–43.

30. Compárese el párr. 29 de la petición con el relato más largo de Las Casas en su *Brevissima relación de la destruición de las Indias*, con el breve resumen que pronunció a bordo, y con la mención en su carta a Felipe desde Tabasco el 12 de febrero de 1545. (*Opúsculos Casas*, pp. 155b–58b; Remesal, *Historia de Chiapa y Guatemala*, 1:343–49; y Casas, *Tratado de Indias*, p. 102.) Sobre la información jurídica, véase *Catalog. Casas*, no. 30. Fidel de Jesús Chauvet ha recopilado datos sobre toda la carrera de Fray Jacobo en su estudio, "Fray Jacobo de Tastera, misionero y civilizador del siglo XVI," *Estudios de historia novohispana*, v. 3. Véase también Parish y Weidman, *Las Casas en México*, cap. 4, "El cuarto decreto: finales tristes," para nuevos datos sobre la influencia mútua entre Fray Jacobo y Fray Bartolomé, y la fecha corregida de la misión en Yucatán.

31. Véase *Opúsculos Casas*, doc. XIII, con fecha de 1542 asignada correctamente por Pérez de Tudela; y compárese especialmente p. 201ab, donde Fray Bartolomé cuenta como los esclavistas vendedores de ídolos desobedecieron la orden del Virrey Mendoza de salir de Yucatán—pasaje con un paralelismo notable a los párrs. 28 y 29 de la petición.

32. *Opúsculos Casas*, p. 187ab.

la tasación oficial en todo el obispado,[33] y el privilegio de eximir del pago tributario por diez años a los indios reducidos pacíficamente o reinstalados en pueblos a instancias suyas. [Párrs. 12, 17–18.] Asímismo pide, claramente con relación a ciertas ordenanzas, tomar parte en la moderación de repartimientos excesivos (reparto de indios confiados a españoles bajo el sistema de encomiendas) en Chiapa, y autoridad especial para poner bajo la corona cualquier encomienda que quede vacante o sea cedida voluntariamente a cambio de los tributos de las Provincias de Guerra. [Párrs. 13, 15–16.] De igual manera solicita participar en la inspección de los títulos bajo los cuales se poseían esclavos indígenas [párr. 14].

Es de notar que las facultades mencionadas están precedidas por un conjunto de artículos destinados a reforzar su autoridad episcopal sobre su feligresía española. Algunos son un tanto técnicos, por ejemplo que sea el obispo y no el rey quien nombre candidatos para beneficios;[34] pero incluyen dos puntos clave que se refieren al poder y ejercicio del brazo eclesiástico. El obispo electo pide específicamente provisión para la audiencia y otras justicias

que guarden inviolablemente las *ymmunidades ecclesiásticas* en todo y por todo según está establecido por derecho, poniendo penas a quien el contrario hiziere o las quebrantare. [Párr. 4, letra itálica nuestra.]

[y] que, en todas las cosas y casos que pertenecieren a la *jurisdicción ecclesiástica*, las justicias reales den todo favor y ayuda y executen todo lo que el obispo los requiriere y pidiere [como] auxilio del braco seglar según está determinado de derecho, y esto con pena. [Párr. 3, letra itálica nuestra.]

*Empezar un nuevo estilo de colonización española* es la tercera meta del obispo electo. [Párr. introd.] Este proyecto revive sus anteriores planes de colonización de Tierra Firme y algunas de sus propuestas concretas no incluídas en las Nuevas Leyes: emigración campesina y un grupo de religiosos, que se mantengan con el tributo de los indios vasallos de la corona y la labor agrícola de unos cuantos esclavos negros. En la petición, sin embargo, Las Casas no elabora el plan total, mencionándolo sólo de manera aislada en varias ocasiones. Así, habla de su ferviente intención de promover el que numerosos emigrantes españoles funden nuevas poblaciones en toda la diócesis, pero especialmente en las Provincias de Guerra y en Yucatán. [Párrs. 22, 19, 29.] Y promete una propuesta más detallada:

Yten, suplica a V.M. que sea servido de mandar ver un memorial que dará, y haga las mercedes que se pudieren y convenieren hazer a los labradores y personas que él agora consigo llevare, y después por su industria fueren a poblar, porque espera en Dios que V.M. a de ser muy servido de la población que él a de encaminar. [Párr. 27.]

Por el momento se limita a pedir ciertas clases de ayuda real para el proyecto de colonización. Como en las Provincias de Guerra la mitad de los tributos reales ya están asignados para ayudar a los colonos, pide que se ceda la totalidad "porque esta población mejor y más presto se haga" [párr. 19]. También necesita un préstamo de quinientos ducados a dos o tres años para ayudar a los frailes, colonos y oficiales que quiere llevar consigo "para que comiencen a poblar en aquellas tierras" [párr. 23].

Al fin, Fray Bartolomé pide un privilegio para llevar, sin pagar derechos, dos docenas de esclavos negros que se dedicarían a ayudar a frailes y colonos:

Que porque el dicho electo obispo tiene intinción de servir mucho a Dios y a V.M. en dar manera para que las tierras de todo el dicho obispado de Chiapa y Yucatán sean pobladas de españoles, nuevos pobladores que él en ella entiende y espera meter; y también para mantener los religiosos que agora an de pasar con él e yr a aquellas dichas provincias, para lo cual entiende como cosa muy necessaria senbrar y hazer labranças de caçabi que se llaman conucos—suplica a V.M. le haga merced de darle licencia para que pase dos dozenas de esclavos negros, libres de todos derechos así en Sevilla como en las Yndias, con tal condición que, si no los ocupare en lo suso dicho y para mantenimyento de los religiosos y pobladores, que pague los derechos a V.M. cinco vezes doblados. [Párr. 22.]

Este pasaje confirma que solamente más tarde, quizás a partir de 1546 y ciertamente por 1552, llegó Las Casas a comprender la total injusticia de la esclavitud negra y se arrepintió de su opinión anterior.[35] En los años que estudiamos, Fray Bartolomé ya limitaba tal solicitud por esclavos negros a una ayuda mínima para los nuevos pobladores; y la incluye aquí sin duda anticipando una situación difícil. Su gran contingente de frailes dependería, al principio, de la caridad de los españoles, potencialmente hostiles a los misioneros y al obispo reformador.[36]

Esta tercera meta se funde con las otras dos para completar el programa del obispo electo posterior a las Nuevas Leyes: para las regiones no conquistadas, la conversión y reducción pacífica de los indios y un nuevo estilo de colonización campesina española; para las regiones ya pobladas, una vigorosa aplicación de las ordenanzas de reforma; y es un brazo eclesiástico enérgico y revitalizado el que ha de efectuar todas estas mejoras.

¿Qué fue lo que la corona y el consejo otorgaron a Fray Bartolomé de las Casas en respuesta a su petición? Ante todo, había pedido medios especiales para continuar en su nuevo cargo de obispo la labor de toda una vida. En cambio, recibió solamente los medios usuales y un protectorado radicalmente limitado.

La mayoría de las respuestas gubernamentales a los treinta puntos del obispo electo están caracterizadas por avenencias burocráticas. Se puede seguir esta acción oficial en dos etapas: La primera, a través de las decisiones anotadas en los márgenes del documento (de mano de un secretario real),[37] concediendo y negando, pero con más frecuencia transigiendo o remitiendo asuntos para consultas posteriores. La segunda la constituyen los despachos del obispo electo, expedidos por el consejo el 13 y el 23 de

---

33. La cédula al Obispo Arteaga del 22 de noviembre de 1540 le manda completar la tasación de tributos junto con el gobernador, para así corregir los abusos de los españoles. (Véase la traducción en Chamberlain, "Montejo in Chiapas," pp. 187a–88b.) Es posible que Fray Bartolomé, entonces en la corte, haya inspirado tal orden pues conocía la anterior participación de Marroquín en la tasación incompleta (compárese la narración de Chamberlain, p. 179ab).

34. Esta solicitud se derivó probablemente de la triste experiencia del Obispo Zumárraga con clérigos nombrados por el rey—véase Dussel, *Les Évêques hispano-américains*, pp. 75–76. Ya el 5 de noviembre de 1540 se había concedido el privilegio al Obispo Arteaga para su cabildo inicial (Chamberlain, "Montejo in Chiapas," p. 185b); por lo tanto sería aplicable únicamente a puestos vacantes futuros.

---

35. El párr. 22 de la petición confirma los comentarios y conjeturas de Wagner y Parish, *Life and Writings of Las Casas*, pp. 40–41; p. 165, n. 29; y p. 246 y n. 8.

36. Compárense *Opúsculos Casas*, pp. 62b, 66b–67a, y *DII*, 7:116–41, sobre la hostilidad contra Fray Bartolomé y sus compañeros domínicos en Nicaragua.

37. El ms. Kraus no. 138 contiene notas al márgen por la misma mano, una de las cuales atribuye una decisión a "el rey."

febrero de 1544, en los que se hacen efectivas las directrices anotadas al margen de la petición aún con mayores limitaciones.[38]

Con respecto a la conversión pacífica Las Casas salió bastante bien librado. Se le confían las Provincias de Guerra, pero solamente hasta que se les dé obispo propio. Se ordena a la Audiencia de los Confines que proteja a la misión contra incursiones yucatecas, pero no se expulsa a nadie; la inclusión misma de Yucatán parece ser temporal.[39] Se le permite exceptuar del tributo a indios reducidos pacíficamente, pero sólo por cuatro años.

Ninguna ayuda se concede a su plan de reformar la colonización española. Recibe nada más que el pasaje acostumbrado para los frailes que le han de acompañar. Se le permite llevar a cuatro esclavos negros para su casa sin pagar derechos; y se condonan los impuestos a los bienes de tres miembros de su comitiva. Pero sus solicitudes de préstamos y ayuda financiera son reducidas, y la mayor parte concedidas como adelanto de su sueldo.

Irónicamente fue Fuenleal mismo, el presidente suplente del consejo, el que debilitó el protectorado de Fray Bartolomé. Siendo presidente reformador de la Audiencia mexicana, Fuenleal había asumido el protectorado del Obispo Zumárraga por orden real; y evidentemente ahora confiaba en que la nueva Audiencia de Centro América ejercería una vigorosa autoridad. Mientras que el anterior obispo de Chiapa tenía poder para imponer multas y para entablar procesos contra el gobernador y los oficiales, Las Casas podía solamente investigar el trato dado a los indios e informar a la audiencia de las infracciones de las Nuevas Leyes; y en el remoto caso de que ésta no tomara medidas, podía informar a las autoridades en España.[40] También se le asigna Soconusco . . . temporalmente y sin derecho a "visitar" oficiales. Su "jurisdicción eclesiástica" y la "ayuda del brazo secular" son mencionadas tan sólo casualmente en sus ejecutoriales. Aún en las cédulas ordinarias se le achaca repetidas veces que no ha recibido las bulas de aprobación papal.

Finalmente, debido a la fuerte presión, Las Casas por su parte no llegó a implementar su petición. No pudo reclutar colonos labradores, y a pesar de todas sus prisas, se le entretuvo en Sevilla, donde la paupérrima Casa de Contratación tuvo que pedir prestado para subsidiarle, y la flota fue detenida por meses debido a lluvias torrenciales.[41] Tan sólo tuvo suerte en que las bulas y breves para su episcopado llegaron por fin desde Roma y pudo consagrarse el 30 de marzo, domingo de Pasión.[42] Pero cuando el Obispo Bartolomé de las Casas logró embarcarse hacia América, el 11 de junio de 1544, tenía tan sólo una fracción de sus esperados poderes y personal: el contingente más grande de misioneros hasta entonces reunido, pero un solitario campesino; las fronteras de su diócesis ampliadas, pero ningún apoyo civil; y prácticamente nada sino sus propias energías y su autoridad episcopal, para llevar a cabo su transcendental programa de reformas más allá de las Nuevas Leyes.

38. La mayoría de los despachos del Obispo Las Casas, dieciocho cédulas de febrero 13 y 23 de 1544, están impresas en *Col. Fabié*, ap. VIII (*DIE*, 70:491–505). Algunos documentos inéditos se enumeran en *Catalog. Vera Paz*, no. 136, y *Bibliog. Casas*, nos. 194–95 y 200–202.

39. Véase Chamberlain "Montejo in Chiapas," p. 185b. Y nótese también que Las Casas mismo dice obispado y obispo de Chiapa y Yucatán, tanto en su petición como en su proclama para la Semana Santa de 1545 en Ciudad Real—párr. 22 y *Opúsculos Casas*, p. 218.

40. El nombramiento del Obispo Arteaga como Protector de los Indios (octubre 29, 1540) —traducido en Chamberlain, "Montejo in Chiapas," pp. 186a–87a—le daba poder para visitar y nombrar visitadores, imponer penas hasta de cincuenta pesos y diez días de cárcel, y entablar procesos contra el gobernador y los oficiales. En cambio, las respuestas marginales a Las Casas (párrs. 9–10) dicen que "no tiene necesidad" del poder de visitar a los oficiales de Soconusco, y que solamente recibirá los poderes "ya acordados" para visitar y nombrar visitadores en la diócesis. (Véase Dussel, *Les Évêques hispano-américains*, pp. 116, 118–19 y 122–24, para los varios poderes de los obispos protectores.)

41. Tres estudios modernos relatan aspectos de la estancia de Las Casas en Sevilla, sus esfuerzos oficiales allí en favor de esclavos indios ilegalmente tenidos, y su partida hacia América: Wagner y Parish, *Life and Writings of Las Casas*, pp. 122–28; Juan Pérez de Tudela Bueso, "Significado histórico de la vida y escritos del padre Las Casas" (prólogo a Casas, *Obras escogidas*, v. 1), pp. clv–clvii; y Manuel Giménez Fernández, "Los restos de Cristóbal Colón en Sevilla," en *Anuario de estudios americanos* 10:93–94, 118–20, 124–26, y ap. IV, pp. 156–58. (Todos los tres se basan en correspondencia de Fray Bartolomé y en papeles gubernamentales y notariales—véase la bibliografía, "Documentos del obispado de Las Casas," 1544.) Al parecer, Las Casas nunca presentó el prometido memorial sobre emigración campesina.

42. Véanse Las Casas a Felipe, marzo 31 de 1544, *Opúsculos Casas*, doc. XVII; y también el testimonio y la bula para su consagración, *Col. Fabié*, ap. XXVI (*DIE*, 71:363–66). Para las otras bulas y breves de Las Casas, véase la bibliografía, Documentos de 1543–44.

# Los Resultados:

## *Logros episcopales de Las Casas*

El Obispo Las Casas, como era de esperarse, no pudo alcanzar las vastísimas metas de su petición. Con sus deficientes recursos se enfrentó a una situación fronteriza inesperadamente anárquica, en el corazón de las tierras de esclavitud centro-americanas. Las frustraciones resultantes son bien conocidas gracias al número y la extensión de las fuentes publicadas. Sin embargo sus considerables logros son generalmente ignorados pues los datos están esparcidos e inéditos y la evaluación se ha limitado artificialmente al período de su residencia en Chiapa.[43]

Pero, por supuesto, el hecho de que los obispos no residieran en su diócesis era un fenómeno de aquel tiempo; y aún prelados americanos orientados hacia la labor pastoral, como el Obispo Vasco de Quiroga de Michoacán, se ausentaban de sus sedes por largos intervalos.[44] Las Casas consideró sus propias ausencias, dos tercios de su período canónico de seis años, como parte igualmente esencial de sus deberes episcopales.[45] Durante los dos años iniciales quiso ser y de hecho fue obispo centroamericano residente. Después pasó algún tiempo en la Ciudad de México, a dónde había sido convocado para una junta de obispos de Norteamérica; y por último estuvo en la corte, dedicado en parte a asuntos de Chiapa y America Central, hasta que renunció a la dignidad episcopal en 1550.

La petición arroja nueva luz sobre todo este período canónico del obispo de Chiapa, de residencia y no residencia, pues demuestra que veía de antemano la clase de problemas a los que se enfrentaría, sus propias reacciones y aún su futura trayectoría como reformador.

Conflictos territoriales abrumaron al Obispo Las Casas desde el momento en que puso pie en su diócesis, conflictos comunes en el Nuevo Mundo debido al contínuo cambio de las fronteras diocesanas; como ejemplo extremo señalamos el largo litigio del mencionado Obispo Quiroga contra el Obispo Zumárraga sobre los límites de la diócesis michoacana.[46] La posición de Las Casas se hizo más complicada por el carácter temporal de las cédulas territoriales otorgadas en respuesta a su petición, y por la inesperada enemistad de su amigo de otros tiempos, el Obispo Marroquín de Guatemala.

Algunos estudiosos han considerado válidas las críticas hostiles de Marroquín, pero los datos oficiales revelan que este impugnaba el control de Las Casas sobre todas las provincias asignadas a su obispado. Respecto a Chiapa, Marroquín había pedido anteriormente que fuera separada de Tlaxcala y agregada a su propia diócesis guatemalteca; al principio obtuvo los diezmos, y unos años después una cédula le asigna temporalmente la provincia chiapaneca y ordena al obispo de Tlaxcala no entrometerse. Cuando Chiapa poco después fue constituída diócesis independiente, ni el primer candidato electo ni el primer obispo consagrado tomaron posesión; así que Marroquín siguió encargándose de ella por otros diez años, seis de ellos en violación del derecho canónico, hasta que finalmente el consejo (en cédula de 1544) le ordena que no se entrometa.[47]

En lo tocante a Yucatán, donde los habitantes de la ciudad de Campeche se negaron a recibir como obispo al recién llegado Las Casas, Marroquín recomendó que no quedara bajo la jurisdicción de Fray Bartolomé sino que

---

43. Compárense en la bibliografía, Documentos de 1544–45, 1545–46, 1546–48, y "Tratados de Las Casas relativos al episcopado." Véanse también en Wagner y Parish, *The Life and Writings of Las Casas*, pp. 127–74, un resúmen de las fuentes principales publicadas hasta ahora (un amplísimo diario, correspondencia, y papeles oficiales); y en Parish y Weidman, *Las Casas en México*, un análisis y la publicación de nuevo material, incluso un tratado desconocido. Para más cartas al Obispo Las Casas y documentos sobre Las Casas, véanse *Col. Fabié*, app. XX (*DIE*, 70:569–610); *DII*, vols. 7, 24 y 41; y *Bibliog. Casas*, nos. 272, 291, 296, 307, 310, y p. 394, n. 2. Véase también André Saint-Lu, "Un episode romancé de la biographie de Las Casas," en *Mélanges offerts à Marcel Bataillon par les hispanistes français*, para una comparación de las fuentes sobre un solo episodio.

44. J. Benedict Warren, en su conferencia, "Vasco de Quiroga, Litigious Bishop," cita una acusación según la cual este prelado fue residente solamente tres de sus primeros veintitrés años como obispo. (El vicario general de la arquidiócesis de México a Felipe, febrero 20 de 1561—AGI, México 281.)

45. El Obispo Las Casas insistió en el carácter oficial de su presencia en la Ciudad de México, y en su deber episcopal de negociar ante del consejo la liberación de los esclavos indios (compárese *Opúsculos Casas*, p. 281b). Tales pretensiones fueron corroborados por dos cédulas que autorizaban el pago de su salario episcopal durante sus dos períodos de no residente—*DII*, 7:239–41; y *Bibliog Casas*, no. 310.

46. En el llamado Gran Escándalo, Quiroga entabló dos pleitos contra Zumárraga: ganó el primero, sobre diezmos; el segundo, sobre demarcaciones, se resolvió por avenencia. Véase en Warren, "Quiroga, Litigious Bishop," el examen de los documentos en AGI, Justicia 140, no. 2, y Justicia 1009, no. 1.

47. Chamberlain, "Montejo in Chiapas," p. 185b, resume los siguientes documentós de AGI, Guatemala 393, lib. 2, e Indiferente General 187: las cédulas del 12 y 26 de febrero de 1538 encomendando Chiapa al Obispo Marroquín y excluyendo al obispo de Tlaxcala; la bula del 14 de abril de 1538, creando la diócesis de Chiapa; y con fecha del 13 de mayo de 1538, el nombramiento de Ortega como obispo de la nueva diócesis, así como otros documentos posteriores relacionados con él. Para más detalles sobre la bula "Inter multiplices" creando la diócesis de Chiapa, y un resúmen de documentos del Obispo Electo Ortega y del Obispo Arteaga, véanse Ybot León, *La Iglesia y los eclesiásticos españoles en Indias*, 2:113; y *DIU*, 17:153–57. (Ortega rechazó el cargo tardíamente, después de recibir sus bulas; Arteaga murió en América el 8 de septiembre de 1541, sin haber llegado a Chiapa.) Las cartas de Marroquín a Carlos y a Felipe revelan como manejó los asuntos de Chiapa: el 10 de mayo de 1537 refiere su antígua disensión con el obispo de Tlaxcala sobre los diezmos de Ciudad Real (entonces llamada San Cristóbal); el 20 de febrero de 1542 relata como amparó a algunos de los canónigos de Arteaga; y el 4 de junio de 1545 solicita compensación financiera por sus "diez o doce" años de servicios en Chiapa. Véase Carmelo Sáenz de Santa María, *El licenciado don Francisco Marroquín . . . su vida, sus escritos* (en adelante se cita Marroquín, *Escritos*), pp. 134–35, 181, 204. Sobre la cédula que excluye a Marroquín, véase nota 51 infra.

se le diera obispo propio.[48] En cuanto a Teçulutlán, el obispo guatemalteco se apresuró a hacer una visita episcopal antes del arribo del Obispo Las Casas (otra violación de la ley canónica), y escribió a la corona menospreciando la empresa de conversión pacífica que antes había elogiado tanto, y poniendo en duda la nueva jurisdicción de Fray Bartolomé sobre aquel territorio.[49] Finalmente, por lo que respecta a Soconusco, Marroquín aconsejó a los vecinos del lugar que no recibieran a su nuevo obispo y después entabló tres procesos que duraron quince años, en un intento inútil de recobrar la provincia para sí mismo.[50] Así que, durante casi veinticinco años, el Obispo Marroquín trató de agrandar su diócesis y de retener o recobrar los territorios que había perdido. Y son erróneos los datos que se han empleado en apoyo de sus ataques a la "ambición" de Fray Bartolomé.[51]

En contraste con tal actitud, la de Las Casas, una vez examinada la situación, fue moderada y nada ambiciosa, en consonancia con su rechazo inicial del Cuzco. En sus cartas al príncipe regente recomendó insistentemente que se formaran obispados independientes en Yucatán, Chiapa, Soconusco y Teçulutlán, y reiteró que sólo deseaba el último para sí.[52] Todo esto concuerda perfectamente con la petición donde dice que el motivo principal que le llevó a aceptar es la protección episcopal del experimento misionero—protección que ahora, como obispo residente, le fue posible fortalecer. Su visita oficial a las Provincias de Guerra fue materialmente una procesión triunfal que tuvo su climax en los pueblos de Cobán y Teçulutlán, donde mandó hacer una información ante notario sobre el estado floreciente de la misión y sobre su propia visita, contra-restando de esta manera la última intromisión de Marroquín. Tanto la jurisdicción de Fray Bartolomé, como esta información (enviada oportunamente al emperador) llegarían a ser baluartes contra la contínua hostilidad de los vecinos de Guatemala y la ambivalencia de su obispo.[53]

Pero la esperanza de la petición de extender la conversión pacífica a Yucatán resultó totalmente frustrada por la falta de provisiones vigorosas y por la reanudación de la conquista armada. Hasta el apostolado normal de los frailes domínicos entre los indios chiapanecos encontraría bien pronto la interesada oposición de los encomenderos locales.[54]

Conflictos con los vecinos y la audiencia sobre los derechos de los indios fueron los otros problemas del Obispo Las Casas. Estas disputas han sido atribuídas a su temperamento intransigente y a la hostilidad regional contra las Nuevas Leyes y contra su "autor." De hecho todos los obispos del Nuevo Mundo que trataron de ejercer seriamente el protectorado tuvieron conflictos similares.[55] Aquí también le faltaron a Las Casas los poderes coactivos y auxiliares solicitados en su petición. Se enfrentaba ahora con la oposición ya prevista del arraigado comercio chiapaneco de esclavos, y a la inesperada corrupción de Alonso de Maldonado, presidente de la nueva (y supuestamente reformista) audiencia. Este funcionario se había casado recientemente con una hija del anciano Adelantado Montejo, uniéndose así a una familia que tenía ya unos sesenta mil indios y que estaba acumulando aún más esclavos en la sangrienta segunda conquista de Yucatán; la presidencia de Maldonado sería conocida como la edad de oro de la esclavitud en América Central.[56]

En ambas luchas, Fray Bartolomé intentó un nuevo y poderoso uso del brazo eclesiástico independiente, medida claramente anticipada en la petición. En Ciudad Real, aprovechando el deber anual de confesión de pecados y denuncia de pecadores públicos, el Obispo Las Casas promulgó—con ocasión de la Semana Santa de 1545—una enérgica carta pastoral, "reservando" para sí los casos de encomenderos abusivos y de esclavizadores notorios. Como esto incluía prácticamente a todos los españoles, se armó gran alboroto; los vecinos amenazaron la vida del obispo y el decano de la catedral ofreció la absolución a todos, huyendo después a la diócesis del complaciente Marroquín.[57] Tales disturbios eran sintomáticos: el Obispo Ped-

---

48. Sobre el rechazo, véase Las Casas a Felipe desde Tabasco, febrero 12, 1545; también el Visitador General Sandoval a Felipe, el 9 de septiembre de 1545. (Casas, *Tratado de Indias*, p. 102; y Francisco del Paso y Troncoso, *Epistolario de Nueva España*, 4:223.) La sugerencia de Marroquín está contenida en su carta a Carlos el primero de diciembre de 1545—Marroquín, *Escritos*, p. 210.

49. Véanse Marroquín a Felipe, agosto 17, 1545, y la información jurídica de Las Casas sobre su visita episcopal a Teçulutlán—Marroquín, *Escritos*, pp. 207–8; y *DII*, 7:220, cuestión 12, y 227–28, respuestas.

50. Para la instigación de desobediencia en Soconusco por Marroquín, véase Las Casas y Valdivieso a Felipe, octubre 25, 1545—*Opúsculos Casas*, p. 225ab. El Obispo Marroquín entabló tres pleitos para recobrar Soconusco y todos los perdió. En 1544 presentó Marroquín una petición contra el Obispo Las Casas por medio del procurador de la corte; luego, cumpliendo la cédula consiguiente, hizo una información que fue enviada en España. En 1555 Marroquín inició otra demanda en México contra el primer sucesor de Las Casas; y en 1559 tenía otra pendiente en la arquidiócesis mexicana contra el segundo sucesor. (Véanse Marroquín a Felipe, abril 20, 1556 y febrero 29, 1558—Marroquín, *Escritos*, pp. 304–5 y 318. También Francisco Morales a Las Casas en la corte, primero de septiembre de 1559, *Colección de documentos inéditos para la historia de Hispano-América* [en la bibliografía, *DIHA*], 1:229.)

51. Además de los datos erróneos analizados en la nota 20 supra, ciertos estudiosos han malinterpretado también la cédula rutinaria que ordena a Marroquín respetar el derecho canónico y no entremeterse en los asuntos de la diócesis de Chiapa—*Col. Fabié*, ap, VIII (*DIE*, 70:504), registrada erróneamente en *Bibliog. Casas*, no. 170, con fecha de 1543 en vez de 1544. Ningún decreto de esta clase se solicita en la petición de Las Casas.

52. Las Casas a Felipe, noviembre 9 de 1545—*Opúsculos Casas*, pp. 234b y compárese p. 225b; véase también *Catalog. Casas*, no. 35, últ. párr.

53. *DII*, 7:216–31.

54. Las incursiones del Yucatán en las Provincias de Guerra, previstas en la petición, ya habían comenzado y provocarían una protesta del Obispo Las Casas (*Catalog. Casas*, no. 34). Para la oposición de los encomenderos a los misioneros, tal vez también prevista, véase Wagner y Parish, *Life and Writings of Las Casas*, p. 139 y n. 17. (Las Casas también sufrió aprietos financieros al desembarcar, tal como lo había predicho—compárese *Catalog. Casas*, no. 31.)

55. Véase Dussel, *Les Évêques hispano-américiains*, pp. 110–38, passim.

56. Los informes de Las Casas—*Tratado de Indias*, pp. 102–3, y *Opúsculos Casas*, pp. 222 y 227b—son exactos. Véase Robert S. Chamberlain, *The Conquest and Colonization of Yucatan*, caps. 13–14; y William L. Sherman, "Indian Slavery and the Cerrato Reforms," *Hispanic American Historical Review* 51 (1971): 29–30.

57. La proclama es *Opúsculos Casas*, doc. XXII. Véase Wagner y Parish, *Life and Writings of Las Casas*, pp. 136–38, los acontecimientos segun fuentes amistosas y hostiles; y compárese pp. 74 y 84, anteriores empleos de penas eclesiásticas por Fray Bartolomé. Otros obispos también tuvieron dificultades con cabildos insubordinados, véase Dussel, *Les Évêques hispano-américains*, "Les chapîtres des cathédrales," pp. 73–78.

raza de Honduras temió por su vida; y en Nicaragua el Obispo Valdivieso fue amenazado y huyó, regresando después tan sólo para ser asesinado.[58]

El Obispo Las Casas se enfrentó a la amenaza de una manera única, pronosticada ya en su petición y en sus cédulas complementarias. No emprendió la fuga, como se ha dicho, sino que, siguiendo las instrucciones de la cédula que definía su protectorado, presentó sus quejas a la audiencia en Honduras—pidiendo una y otra vez medidas contra el mal trato de los indios, la prevención de expediciones esclavistas y la obediencia inmediata a la ordenanza que privaba a los funcionarios oficiales de sus encomiendas. Todo en vano, pues como era de esperar, ninguna acción vendría de la audiencia de Maldonado.

Finalmente, en un despliegue dramático, Las Casas exigió que la audiencia cumpliera sus deberes (según las leyes canónicas y civiles), concediéndole la "ayuda del brazo secular" y poniendo en ejecución las Nuevas Leyes; y amenazó con excomunión al presidente y a los oidores de no hacerlo antes de tres meses. Esta era precisamente la "ayuda del brazo secular" por parte de la audiencia que había solicitado en su petición. Ante la indignada negativa de aquellos, el obispo—siguiendo sus instrucciones ya que éste era el "remoto caso" de que la audiencia no actuara— mandó en seguida al gobierno en España traslados de los documentos y una carta de quejas contra Maldonado.[59]

Como se verá más adelante, el asunto no terminó ahí; Fray Bartolomé recibiría más tarde apoyo decisivo en la corte. Sería una de las dos ocasiones conocidas en las que audiencia y vecinos fueron controlados efectivamente gracias a los esfuerzos de un obispo reformador.[60]

Más radical uso del brazo eclesiástico buscó Las Casas en reacción ante la gran crisis de la reforma que le alejó de su diócesis en 1546. El emperador había revocado la importante Ley de Herencia y dos medidas anexas a fines de 1545, influenciado por la presión de los colonos, por el peligro de nuevas rebeliones en Perú y por "regalos iniciales" de millones de ducados.[61] Tal ley, como ya Fray Bartolomé había

insistido, no era ayuda inmediata para los indios; y quedaban en pleno vigor otras veintitantas Nuevas Leyes para su protección. Pero la reforma estaba amenazada; y el Visitador General Sandoval convocó a obispos y superiores religiosos de la Nueva España a una junta eclesiástica en la Ciudad de México, para promover la conversión y el buen trato de los indios bajo la persistente encomienda.

Al llegar a México en 1546 el Obispo Las Casas se enfrentó a la nueva situación con una serie de importantes medidas de base eclesiástica. Estas medidas, parcialmente desconocidas hasta ahora, correspondían de cerca con las orientaciones de su petición y con su conducta como obispo residente. En la junta episcopal promovió una declaración unánime que, pues las encomiendas existían en teoría para la conversión de los indios, exigía a los encomenderos abusivos la restitución de tributos excesivos, para el mantenimiento de misioneros.[62] Además, Fray Bartolomé convocó por su cuenta una junta de frailes—que emitió una fuerte denuncia de la esclavitud indígena, e insistió que se revisaran los títulos a esclavos por parte de la audiencia. Personalmente, fue aún más radical; en su petición había solicitado solamente la autoridad necesaria para examinar tales títulos junto con la audiencia, pero ahora declaraba que todos eran ilegales y que los obispos debían negociar insistentemente ante el consejo la completa emancipación de los esclavos indios.[63]

Todo ello ocurrió cuándo que el obispo estaba preparando su regreso a la corte, medida que tenía en mente desde hacía mucho tiempo.[64] Para atender a su diócesis, nombró un vicario general y formuló sus "Doce reglas para confesores," instrucción secreta destinada a imponer obediencia a todas las Nuevas Leyes, incluyendo la apenas revocada, basándose únicamente en argumentos teológicos que ponían en tela de juicio la legalidad de la conquista. Esto constituyó el uso más atrevido y evidentemente subversivo del brazo eclesiástico.[65]

Sabiendo que se le acusaría de lesa majestad, Las Casas preparó su defensa en un tratado sobre inmunidad eclesiástica—precisamente el asunto sobre el cual la petición solicitaba una declaración. Censurando al virrey y a la Audiencia mexicana por haber aplicado una pena civil a un clérigo, indujo a la reunión episcopal de que pidiera al emperador el respeto a la inviolabilidad eclesiástica, y acto seguido escribió su osada argumentación "De exemptione, cum monitione." En este trabajo, Fray Bartolomé prácticamente amenazó al Príncipe Felipe con la condenación eterna de

58. Se relata la tragedia y fin del obispo de Nicaragua en cartas inéditas de 1544, 1545 y 1547 de Valdivieso a Felipe (AGI, Guatemala 162), así como correspondencia posterior en 1549 y 1550 entre el Presidente Cerrato y la corona (AGI, Guatemala 9 y 401). Pedraza expresó sus temores en una carta de 1547 (AGI, Guatemala 164). Todos los documentos anteriores se citan por William L. Sherman en su conferencia inédita, "Dissent among the Bishops of Central America on Indian Policy," nn. 35–37 y n. 33.

59. Véase Wagner y Parish, *Life and Writings of Las Casas,* cap. 13 "No Help from the Audiencia," especialmente pp. 143–50, 153; y compárese *Catalog. Casas,* nos. 33–38. Todavía inéditos existen otro resúmen de una petición perdida y correspondencia entre el Oidor Herrera y la corona—*Bibliog. Casas,* no. 251; también *Catalog. Vera Paz,* nos. 187 y 194.

60. El otro caso importante fue la sensacional queja del Obispo Zumárraga al emperador (agosto 27, 1529) contra la primera Audiencia mexicana—*DII,* 13:104–79—que contribuyó a la caída en desgracia del Presidente Nuño de Guzmán y al nombramiento y las instrucciones de la segunda audiencia. Véase en nota 69 *infra* los resultados semejantes obtenidos por el Obispo Las Casas.

61. Lewis Hanke, *La lucha por la justicia en la conquista de América,* pp. 224–29 y 231–41, describe la campaña contra las Nuevas Leyes, y resume un montón de opiniones sobre la Ley de Herencia y su revocación (completas en AGI, Indiferente General 1530 y 1624, en parte impresas en *DII,* v. 7, etc.). Los regalos dados y ofrecidos al emperador—hasta ahora conocidos sólo por referencias posteriores—son confirmados por una noticia secreta de un informante papal en la corte imperial. (Archivio Segreto Vaticano, Segretaria di Stato, Principi e Titolari, vol. 13, fols. 29 verso a 30.)

62. Biblioteca Nacional, Madrid, ms. no. 3045, fols. 151–53.

63. La segunda junta la relata Remesal, *Historia de Chiapa y Guatemala,* 2:111–12; y compárese Wagner y Parish, *Life and Writings of Las Casas,* pp. 164–65 para resúmen de otras fuentes. Sobre el deber episcopal véase Las Casas, *Tratado sobre los indios que se han hecho esclavos,* segundo corolario; al fin de las pruebas del primer corolario, se cuenta como los españoles desafiaban a las censuras episcopales. (*Opúsculos Casas,* p. 281b.)

64. Véanse las cartas de Las Casas a Felipe—ya desde Santo Domingo, septiembre 15 de 1544, y desde Gracias a Dios, Honduras, 9 de noviembre de 1545, *Opúsculos Casas,* pp. 215 y 232a.

65. Véase Remesal, *Historia de Chiapa y Guatemala,* 2:160–65, para los dos nombramientos episcopales del 9 y 10 de noviembre de 1546; el primero incluía un interdicto eclesiástico en caso de desobediencia. *Catalog. Casas,* no. 41, describe varias versiones manuscritas de estas reglas confesionales, y la ampliación impresa después por Las Casas mismo—*Aquí se contienen unos avisos y reglas para los confesores* (*Opúsculos Casas,* doc. XXVI).

atreverse a poner la mano en cualquier eclesiástico (obispo).[66] A juzgar por los acontecimientos subsecuentes el príncipe regente no desoyó la advertencia.

Una vez en España, en 1547, Las Casas se vió obligado a escribir otros dos tratados para defender su "Confesionario" (de reglas ya no secretas), ejemplares manuscritos del cual fueron confiscados en las Indias.[67] Casi inmediatamente tuvo que emprender una larga lucha para evitar la revocación de otras Nuevas Leyes, esta vez con feliz término. Sin embargo, siguió siendo obispo de Chiapa otros tres años, en los que logró casi todo lo que había intentado como obispo residente.

La declaración sobre restitución fue generalizada a todas las Indias; las leyes que protegían a los naturales contra abusos fueron reforzadas sustancialmente. En 1548 fue promulgada otra ley poniendo en libertad a la mayoría de los indios esclavos, y aún otra en 1549 suspendiendo todas las conquistas.[68] Debido a las quejas y recomendaciones de Fray Bartolomé, Maldonado fué sustituído por un presidente verdaderamente reformador, el Licenciado Cerrato, quien aplicó las restantes Nuevas Leyes con sus últimas adiciones, liberó a los indios esclavos y controló, finalmente, a los españoles rebeldes de América Central. Las Provincias de Guerra fueron rebautizadas con el nombre de Vera Paz (paz verdadera) y por fin fueron protegidas contra incursiones de los españoles del Yucatán; se mandó un juez a Chiapa para que investigara el mal trato de los frailes por parte de los españoles; Campeche (que se había negado a recibir al obispo Las Casas y las nuevas ordenanzas) fue puesta bajo la corona; y Montejo y otros funcionarios fueron privados de sus indios, a quienes se hizo vasallos libres de la corona.[69]

En 1550, Bartolomé de las Casas se decidió por fin a renunciar a su obispado. Estaba envejeciendo, "impedido," quebrantado de salud, y ciertas causas "necesarias" hacían imposible su residencia.[70] Sin embargo, en lo personal, nunca abandonaría su interés por Chiapa ni por los asuntos a los que se había enfrentado en su obispado. Por el momento había logrado que se nombrara como su sucesor al vicario de los misioneros domínicos; después ayudó a fundar la provincia domínica de Chiapa y Guatemala, continuó reclutando frailes para el área, reanudó su antígua amistad con el Obispo Marroquín, y promovió el establecimiento de Vera Paz como diócesis independiente. Se le atribuye además un papel en la solución del conflicto general entre los protectores episcopales y las autoridades seculares, mediante el envío de visitadores provinciales con amplios poderes para corregir el mal trato dado a los indios.[71]

En adelante, sería de hecho (aunque no de nombre) el procurador general y representante universal de todos los indios ante la corte—sirviendo como consejero de la corona y del consejo en asuntos indígenas, gozando un subsidio oficial los tres últimos lustros de su vida. Pero ya la tragedia de los tiempos sin ley en América Central había desaparecido para siempre, gracias en gran parte a los esfuerzos del Obispo Las Casas.

---

66. Véanse Parish y Weidman, *Las Casas en México:* caps. 5–8 encabezados "El Obispo contesta al Rey," para una explicación completa de la preparación, el significado, y los aparentes efectos de este tratado; y también el tratado mismo, del borrador latín autógrafo en la Bibliothèque Nationale de París, con una traducción española y un análisis de fuentes.

67. Además de la conocida reacción "oficial" y de la defensa hecha por Las Casas, hubo una denuncia contra el *Confesionario* ante la Inquisición y otra defensa. Véanse Wagner y Parish, *Life and Writings of Las Casas,* pp. 171–74; y Parish y Weidman, *Las Casas en México,* en la sección "El Obispo contesta al Rey," cap. 8.

68. Véase—en Wagner y Parish, *Life and Writings of Las Casas,* p. 127, n. 19; y *Catalog. Casas,* no. 23, penúlt. párr.—como Las Casas refundió en este tiempo su memorial contra la esclavitud. Véanse *Recopilación de leyes de los reynos de las Indias,* lib. 6, tit. 2, ley i, para la ley contra la esclavitud del 24 de octubre de 1548; y Juan Friede, *Documentos inéditos para la historia de Colombia* (en la bibliografía, *Docs. Colombia*), 10:219–20, doc. 2291, la orden del 31 diciembre de 1549, prohibiendo nuevas conquistas.

69. El Obispo Marroquín y el cabildo de Ciudad Real atribuyen a Las Casas el nombramiento de Cerrato como presidente de la segunda audiencia—véase la carta de aquellos al príncipe el primero de mayo de 1550 (AGI, Guatemala 44), citada en Sherman, "Dissent among the Bishops of Central America," n. 29. Compárense también las cartas donde el Presidente Maldonado solicita un traslado de los cargos que le levantó Las Casas, y Las Casas recomienda calurosamente a Cerrato—*Col. Fabié,* ap. XIV (*DIE,* 70:550–51); y *Opúsculos Casas,* p. 214a. Véase además, Sherman, "Indian Slavery and the Cerrato Reforms," pp. 28–33. Las Casas defendió estas reformas contra Bernal Díaz del Castillo, el procurador de Guatemala—véanse *Opúsculos Casas,* doc. XXIX; y también Lesley Byrd Simpson, *Studies in the Administration of the Indians of New Spain: 4. The Emancipation of the Indian Slaves and the Resettlement of the Freedmen, 1548-1553,* app. III. El continuo apoyo del Obispo Las Casas a la misión de Vera Paz, lo cuenta Saint-Lu, *La Vera Paz,* pp. 208, 212–14; y lo confirman *Catalog. Vera Paz,* nos. 196–99, 203–9, 211–12, y 214–15. El cronista oficial Herrera—*Historia,* dec. 8, lib. 5, cap. 5—cita medidas

adicionales, inclusive las instrucciones al Presidente Cerrato. Varias cédulas de 1547 apoyando la autoridad episcopal de Las Casas se encuentran en *Col. Fabié,* ap. XIII (*DIE,* 70:543–47), con un documento inédito registrado en *Bibliog. Casas,* no. 260.

70. Por una cédula del 4 de agosto de 1550, se avisa a los oficiales de la Nueva España que el Obispo Las Casas "va" a renunciar; luego una carta de Carlos, el 11 de septiembre, transmite la renuncia formal a su embajador en Roma. Véanse *Bibliog. Casas,* no. 315; y *Col. Fabié,* ap. XVII (*DIE,* 70:559–60). Entonces puede que Las Casas fechara su renuncia el 24 de agosto, día de su santo.

Acaso Las Casas haya contemplado renunciar su obispado el año después de su regreso en España—según un documento hallado en AGI, Patronato 252, no. 11. Consta de un autógrafo incompleto de su dimisión, emborronado en una carta del 26 de abril de 1548, que había recibido de Diego Ramírez; el fragmento expresa su intención de:

para esto renunciar. Por ende a V.M. humillmente supplico sea servido de tener [bi *tachado*] por bien [y servirse de mi *tachado*] que yo renuncie al dicho mi obispado: porque verdaderamente yo con buena consciencia no lo puedo [por las causas dichas *tachado*] sin gran daño della por las causas dichas administrar. El servicio que yo siempre e deseado hazer a Vuestra Magestad, como Nuestro Señor sabe, pues [por *tachado*] en estos negocios no lo e podido effectuar: pienso de suplirlo con inportunar a Dios augmente y prologue la [i.e., vuestra] [gloriosa vida *tachado*] felice [sobre la *línea*] vida e imperial estado en esta presente y en la futura como es deseado por Vuestra Magestad.

La fecha queda incierta, pues Fray Bartolomé solía utilizar su correspondencia para escribir borradores (véase Bataillon, *Études,* "Une lettre et un brouillon," especialmente p. 203). Sin embargo, tanto el tono desanimado como la razón expuesta sugieren 1548 y no 1550, cuando el obispo había logrado muchas de sus metas para Chiapa y hasta marzo todavía esperaba volver—compárese *Bibliog. Casas,* no. 310.

71. Véanse *Bibliog. Casas,* nos. 326 y 334, el cargo interino y el nombramiento de Casillas por la renuncia de Las Casas, y el subsidio concedido a éste en la corte; también Fray Juan de la Cruz, *Coronica,* fol. 222a. Véanse *Opúsculos Casas,* doc. XXXII, Las Casas al consejo, octubre 25 de 1552, sobre frailes misioneros; Remesal, *Historia de Chiapa y Guatemala,* 2:282, sobre la erección de la provincia; y Marroquín, *Escritos,* pp. 254–56 y muy particularmente p. 251, la carta del Obispo Marroquín el 3 de febrero de 1550, agradeciendo a Las Casas en la corte. La "visita" de Chiapa por Diego Ramírez, llevada a cabo en 1548, llena 229 folios en AGI, Justicia 331. Para la influencia de Las Casas, véanse el Dr. Vázquez a Felipe, el 10 de octubre de 1559 (*DII,* 4:143); y además Walter V. Scholes, *The Diego Ramírez Visita,* sobre visitadores provinciales.

# Conclusión:

## *La defensa eclesiastica de los indios*

El nombramiento como obispo de Chiapa fue problemente impuesto a Bartolomé de las Casas para alejarlo de la corte después de la promulgación de las Nuevas Leyes. Su petición sin embargo demuestra que aceptó la mitra con la esperanza de continuar con energía el trabajo de toda su vida, la defensa de los indios y la reforma total de las Indias, en su nuevo cargo episcopal—habiendo ya durante décadas contribuído a definir y promover el papel reformador de los eclesiásticos.

Durante su estancia episcopal en América, la Ley de Herencia fue revocada (aunque la mayoría de las Nuevas Leyes continuaron en vigor) y él mismo fue casi totalmente impedido en su jurisdiccion eclesiástica. No obstante, a pesar de las muchas frustraciones, en su último período en la corte como obispo no residente hizo efectiva la realización de muchas de las reformas que había intentado en vano cuando obispo residente: el control de abusos bajo la encomienda, la liberación de esclavos indígenas, vigor administrativo, la protección de misiones experimentales y ordinarias y la expansión del corregimiento. Todas estas medidas legislativas y prácticas constituyeron la continuación de su trabajo del período de las Nuevas Leyes, relacionadas todas con los objectivos establecidos en su petición.

Además, sus años como obispo cambiaron notablemente su modo de ver y realizar la reforma. En la petición se ve que había reformulado sus métodos en función del brazo eclesiástico. Sus actos episcopales más radicales—la carta pastoral, la excomunión y la amenaza de excomunión de funcionarios oficiales, el uso y la orden de usar el confesionario para imponer la restitución—constituyeron un ejercicio poderoso de tal brazo. Durante su estancia oficial en México fortaleció y profundizó su pensamiento al respecto en dos tratados: el subversivo "Confesionario" (escrito originalmente como "Doce reglas para confesores"

en su propia diócesis); y "De exemptione, cum monitione," en la cual atrevidamente amonesta al príncipe sobre el tema de la inmunidad eclesiástica que ya había introducido en la petición.

Recientes estudios, sobre los hombres y las instituciones, han demostrado que estas ideas y tácticas del obispo de Chiapa fueron adoptadas, adaptadas y usadas por otros obispos y frailes reformadores en Sudamérica.[72] Entretanto, Las Casas se encontraba en una mejor posición para continuar su labor en la corte como obispo retirado. Su rango episcopal le dispensaba de la obediencia religiosa y de la necesidad de someter sus escritos a la censura de su orden; también le libraba del peligro de ser apresado sumariamente por la Inquisición.[73]

Pero lo más significativo es que, a partir de entonces, Bartolomé de las Casas fundaría sus demandas de reforma en una sólida base eclesiástico-teológica—la ley de Dios, que había invocado en su "Confesionario" y en "La exención y la monicion." Esta ley suprema, como se ha observado, no estaba sujeta a revocación legal o a evasión administrativa. Fray Bartolomé había apelado a tal ley una década antes, cuando otra crisis provocada por una revocación le llevó a preparar los decretos papales de 1537 basados en las Sagradas Escrituras. Tal recurso adquiriría fundamental importancia en la fase final de su carrera, todavía parcialmente desconocida por los estudiosos. Su última batalla titánica—que impidió la perpetuidad de las encomiendas peruanas, y que por poco logró la restauración del Inca— tenía por base los principios establecidos en sus tratados episcopales. Así, poco antes de su muerte, el octogenario "obispo que fue de Chiapa" dirigió al Papa Pío V una final y fructífera carta, abogando por la defensa de los indios americanos mediante el brazo eclesiástico.[74]

---

72. Véase Juan Friede, "Las Casas and Indigenism in the Sixteenth Century," en *Bartolomé de las Casas in History*, ed. Juan Friede y Benjamin Keen, pp. 134–91, sobre estas tácticas; también pp. 193–94 y n. 271, sobre el uso de tales medidas por otros frailes y obispos, entre ellos los obispos Simancas de Cartagena y Torres de Panamá, y especialmente el Obispo Valle de Popayán. (Sobre este último personaje, véase además Juan Friede, *Vida y luchas de don Juan del Valle.*) Asimismo el obispo de Lima, Jerónimo de Loaysa, recurrió al "Confesionario" de Las Casas para formular su propio manual, que fue aprobado por una junta de teólogos y por el Segundo Concilio de Lima en 1567—véase Guillermo Lohmann Villena, "La restitución por conquistadores y encomenderos," en *Anuario de estudios americanos* 23:51–57.

73. Para la exención, según Ybot León, y para el breve de Las Casas extendiendo el privilegio a Fray Rodrigo de Ladrada, véanse notas 2 y 19 supra. Normalmente, la Inquisición no tuvo jurisdicción sobre los obispos sino hasta que se obtuvo el breve secreto "Cum sicuti nuper" contra el Arzobispo Carranza el 7 de enero de 1559. Véase José Ignacio Tellechea Idígoras, *Fray Bartolomé Carranza: documentos históricos* (en la bibliografía, *Docs. Carranza*), 1:3–4, doc. I. Aunque este breve incluía a los obispos que "residían" en España, es dudosa su aplicabilidad a los obispos de las Indias; ningún tribunal inquisitorial fue establecido en América antes de 1569.

74. La petición de Las Casas a San Pío V en 1566—*Opúsculos Casas*, doc. LIII—contenía un tratado complementario. La autora ya encontró el documento original en el Archivio Segreto Vaticano y está preparando un estudio que explicará los importantes y en parte desconocidos resultados de esta llamada final. Véase Parish, *The Rediscovery of Las Casas*, último capítulo, detallando la inmediata y póstuma influencia de Fray Bartolomé en la política papal y real, así como en las misiones jesuitas que San Francisco de Borja envió al Nuevo Mundo.

# Apéndice

La contraportada del presente estudio—"El primer paso para hacer obispo a Las Casas"—reproduce parte de una hoja del manuscrito Kraus 138. Se trata de apuntes tomados en una reunión llevada a cabo en Barcelona a fines de octubre o principios de noviembre de 1542, poco antes de la promulgación de las Nuevas Leyes de Indias.[75]

Los participantes constituían lo que podemos llamar un quorum o subcomité de la comisión imperial que formulaba las Nuevas Leyes. Antonio de León Pinelo describe las etapas de esta formulación: labores de la comisión en pleno; búsqueda de opiniones ajenas; y la obra final de un grupo selecto que se reunió en Barcelona en casa del Cardenal Loaysa, y que consultó con el emperador.[76]

Como se apunta en el manuscrito Kraus 138, importante documento de trabajo de la comisión, los que se hallan presentes están discutiendo las leyes y los nombramientos. La sección pertinente que trata de Las Casas reza así (letra itálica nuestra):

*Para los obispados vacos que son*

el de Chiapa
Nycaragua
Cuzco
Venezuela
Santa Marta,
en la Nueva España están quatro religiosos de la
Orden de Sanct Francisco que son
    Fray Antonyo de Cibdad Rodrigo
    Fray Francisco Ximénez
    Fray Francisco de Soto
    Fray Torivio [Motolinía]
de los quales se tiene muy buena relación.
    *También parece que sería bien proveydo Fray*
    *Bartolomé de las Casas que Su Magestad bien conoce,*
    *y todos estos† se cree que no acebtarán sino son*
    *conpelidos por un breve de Su Santidad.*

[† estos: se cree que *inserto interlinear*]

En los apuntes al reverso se listan otros cinco posibles candidatos episcopales "de acá": un canónigo, tres frailes—uno de los cuales estuvo anteriormente en México—y otro fraile, a la sazón en el Cuzco.[77] Una recomendación final propone que el obispado de Honduras reciba alguna pensión real.

Se pueden hacer algunas observaciones generales basadas en estas notas. Es evidente que la reunión fue presidida por el Cardenal Loaysa, todavía presidente del suspendido Consejo de Indias, ya que su nombre encabeza, de modo notable, la doble lista de participantes. Se ve que ésta fue la primera ocasión en que se discutieron nombramientos episcopales. De entre todos los mencionados, únicamente Bartolomé de las Casas fue nombrado obispo en esta época; y cuando posteriormente se asignaron las otras diócesis, los escogidos no incluyeron a cuatro franciscanos sino a tres dominicos.[78] Nótese que la pobreza del obispado de Honduras es mencionada específicamente. Semejante suplemento salarial hubo de concederse al también pobre obispado de Chiapa.[79]

Por último, el párrafo en el que se habla de Las Casas está claramente separado de las listas generales. Él es el único bien conocido por el emperador y el único que será "bien proveydo"—es decir que recibirá una buena diócesis; entre los obispados vacantes citados, únicamente el del Cuzco puede calificarse así. Es en el mismo párrafo donde se prevé que "todos estos" rechazarán la oferta si no son compelidos por "un breve papal"; pero sería absurdo pedir cinco breves coactivos para los primeros cinco candidatos propuestos, y la inmediata adición de otros cinco nombres demuestra que no existía la intención de pedir tales breves. Sin embargo, sí se podía conseguir una orden papal dirigida a un solo candidato eminente.[80]

Por todo lo anterior, se ve que estos apuntes marcan el inicio de la campaña dirigida por Loaysa para lograr que Fray Bartolomé, muy a su pesar, acepte un obispado. Además confirman el relato de que la sede del Cuzco fue la primera que se le ofreció y que Las Casas rehusó a aceptar.

---

75. En su totalidad, el ms. Kraus no. 138 refleja la etapa de Barcelona en la formulación de las Nuevas Leyes; en estos días se llevaban a cabo las últimas consultas con el emperador.

76. Un buen número de fuentes contemporáneas o de época cercana nos permiten identificar a diecisiete miembros de la comisión plenaria; de éstos once son mencionados en la cubierta del ms. Kraus no. 138; la última sesión reunió únicamente siete personas. Véase Antonio Rodríguez de León Pinelo, *Tratado de confirmaciones reales de encomiendas, oficios i casos*, fols. 6–9 verso.

77. Los candidatos nombrados son Quienoyes (Quiñones), guardián de la Aguilera; Fray Antonio de la Cruz; Fray Pablo Guedeja, antes de Valle Esarsa y actualmente en el Cuzco; Fray Vicente de Santa María, anteriormente prior de Carrión y prior en México; y el Canónigo Argüello, encargado del "hospital."

78. Véase Dussel, *Les Évêques hispano-américains*, ap. I, pp. 232, 234 y 242.

79. Se ordenó a oficiales de la Nueva España completar el salario de 500,000 maravedís del Obispo Las Casas. Véase *Col. Fabié*, ap. VIII, primera cédula (*DIE*, 70:491–92).

80. El famoso agustino Fray Alonso de la Vera Cruz recibió del Papa Julio III un breve ordenándole, "en virtud de santa obediencia," que aceptara la sede de Nicaragua para la cual había sido preconizado; no obstante, Vera Cruz escribió a Felipe expresando su negativa absoluta. Véase Alonso de la Vera Cruz, *Writings* (edición de Ernest J. Burrus), 5:259, n. 13, sacada del borrador original en el ASV; y pp. 17–21, doc. 2 A-B, la negativa.

# Bishop-Elect Bartolomé de Las Casas to the Emperor Charles V

In this facsimile, the leaves of Kraus manuscript 139 have been restored to their correct order.

In the Spanish transcription, abbreviations are written out, and capitals and punctuation are added. (Quotations in the introduction also include accents, for easier reading.) The critical apparatus has been partly intruded into the Spanish text; this permits continuous reading of the petition, as corrected by Las Casas, without losing the effect of his profuse corrections in a document being sent abroad to the emperor.

In the English version, an effort has been made to keep close to the original sentence structure. The critical apparatus is omitted from the English text, except where it concerns Las Casas' insertion or deletion of entire paragraphs.

In both the transcription and translation, numbers have been added to the paragraphs to facilitate reference.

# *El Obispo Electo Bartolomé de Las Casas al Emperador Carlos V*

*En este facsímile se ha restituido la foliación correcta al manuscrito Kraus 139.*

*En la transcripción española se completan las abreviaturas y se añaden mayúsculas y puntuación. (Citas en la introducción incluyen también acentos para una más facil lectura.) El aparato crítico ha sido parcialmente intercalado en el texto español; esto permite una lectura seguida de la petición tal y como la corrigió Las Casas, sin perderse el efecto de las múltiples enmiendas de un documento dirigido al emperador en el extranjero.*

*En la versión inglesa se ha tratado de conservar la fraseología original. El aparato crítico no figura en el texto inglés, salvo cuando se trata de párrafos enteros insertados o suprimidos por Las Casas.*

*Tanto en la transcripción como en la traducción los párrafos han sido numerados para facilitar referencias.*

fray b.͂me de las Casas electo obpo por v. m. dela ciudad real de chiapa besa
las manos a v. m. y dize q̃ pues q̃ ... real cõsejo delas yndias ha
... por Justas y urgentes causas q̃ se vaya enla primera flota q̃ pa alla
se despachare por q̃ asi conviene al suõ de v. m. q̃ porq̃ el pueda mejor en
su officio hazer lo q̃ deve y servir a v. m. cumpliendo su real voluntad
enla cõsuaciõn delos yndios q̃ ya estan Reduzidos ala corona real y asu
cõversion y saluacion y enla pacificaciõn y Reduciõ delos q̃ no estan
pacificos ny reduzidos enla predicaciõn del Euãgelio por a q̃llas gentes
y otras comarcanas de aq̃l obispado y poblacion tãbien de españoles
q̃ el desea mucho aviendo y hazer enla qual es grãde el servi. q̃
a v. m. Recibira a v. m. suplica sea servido de mandarle hazer m.d
y proveerle delas cosas siguientes.

1  Primeramente q̃ v. m. sea servido de mandar
señalar los limites de este obpado y como
se distingua delos obpados de guatimala y hon
duras y tlaxcala y guaxaca.

y las provincias de guerra q̃ se llama tezulutlã y la
quedon esta el y sus compañeros han trabajado
de asegurar y traer de paz estan muy propinquas
ala dicha ciudad y provincia de chiapa entre
dentro delos limites desu diocesi pues esta fue la
principal causa por laqual arybo aq̃l obpado
conviene asaber por poder mejor proseguir
y effectuar la pacificaciõn y cõversiõn delas
gentes dellas y q̃ estas llegue hasta el golfo
del ... inclusiue en la yssa de yucatan.

y provision pa el audiencia real y a todos los otras Justi.ͤˢ
q̃ en todos las
casos y cosas q̃ perteneciere ala Jurisdiciõn ecle
siastica las Justicias reales den todo favor y
ayuda y execute todo lo q̃ el obpo les requi
riere y pidiere auxilio del braço seglar se
gun esta determinado de derecho y esto so pena.

y provision pa la audiencia real y pa todas las
otras Justicias q̃ guarden inviolable me͂te las
immunidades eclesiasticas en todo y por todo segun
esta establecido por derecho poniendo pena a
quien el contrario hiziere o las q̃ brantare.

~~...~~
~~...~~

## Sacra Cesarea Catolica Magestad

[Introducción] Fray Bartolome de las Casas, electo obispo por Vuestra Magestad de la Ciudad Real de Chiapa, besa las manos a Vuestra Magestad y dize que, pues que al*borr.1* real Consejo de las Indias parece por justas y urgentes causas que el se vaya en la primera flota que para alla se despachare, porque asi conviene al servicio de Vuestra Magestad, que porque el pueda mejor en su officio hazer lo que deve y servir a Vuestra Magestad, compliendo su real voluntad en la conservacion de los yndios que ya estan reduzidos a la corona real y a su conversion y salvacion/ y en la pacificacion y reducion de los que no estan pacificos ny reduzidos con la predicacion del Evangelio por aquellas gentes y tierras comarcanas de aquel obispado, y poblacion tambien de españoles que el desea mucho comencar y hazer, en la qual es grande el servicio que Vuestra Magestad recibira/ a Vuestra Magestad suplica sea servido de mandarle hazer*mancha 2* merced y proveer de las cosas siguyentes/.

Fecha.

A la abdiencia.
    Fecha.

[1] Primeramente que V.M. sea servido de mandar señalar los limites del dicho obispado y*borr. 3* como se distinguan de los obispados de Guatimala y Honduras y Tascala y Guaxaca.

Idem. Que si estan fuera de los lymytes, lo tenga encomendado.

[2] Que las provincias de guerra que se llaman Teçulutlan y Lacandon, etc., que el y sus compañeros an trabajado de asegurar y traer de paz, que estan muy propincuas a la dicha Ciudad y Provincia de Chiapa, entren*error. 4* dentro de los limites de su diocesi, pues esta fue la principal causa por la qual acepto aquel obispado, conviene a saber por poder mejor proseguir y effectuar la pacificacion y conversion de las gentes dellas/ y que estas lleguen hasta el Golfo Dulce inclusive con la tierra de Yucatan/.

En los executoriales

[3] Provision para el Audiencia real [de los Confines]*insert. 5-* y para todas las otras justicias*-insert. 5* que, en todas las cosas y casos que pertenecieren a la jurisdiccion ecclesiastica, las justicias reales den todo favor y ayuda, y executen todo lo que el obispo los requyriere y pidiere [como] auxilio del braço seglar segun esta determinado de derecho/ y esto con pena/.

[4] Provision para la Audiencia real y para todas las otras justicias que guarden inviolablemente las ymmunidades ecclesiasticas en todo y por todo segun esta establecido por derecho, poniendo penas a quien el contrario hiziere/ o las quebrantare/.

[4a]    *borr. 6*

---

*1.* al: su *borrado*  *2.* hazer *mancha de tinta al centro*  *3.* y: en que *borrado*  *4. En el ms.* entre  *5.* real: y . . . justicias *inserto interlinear*  *6. En el ms.* Auctoridad que en su obispado el obispo trayga vara como es de costumbre/. *borrado todo el párrafo*

Marginal notes (left):

que se le de las que  
estan dadas a otros  
obispos

no ha lugar

no tiene necesidad  
dello

que asi se hara

que no tiene necessidad  
dellos

---

Body:

provission pa la audiencia real por la qual se  
les remita y declare y determine en lo q  
oviere duda del diezmar tocante a los españoles

q los bienes que declare asi los q murieren ab  
intestato no teniendo herederos for[zosos] o de cuya  
mara deven bienes los difuntos no pareçiendo  
herederos en todo aq[ue]l obispado y los q ha-  
sta oy ovieren muertos y ovieren bienes alg[un]os  
en todo el d[ic]ho obispado los pueda pedir y to-  
mar el obispo y la fabrica de las iglias o or-  
namentos o otras cosas el culto divino se los  
pueda gastar

y poder pa cobrar rentas q no fuere nuestras q  
el d[ic]ho cierto pueda tomar cierta a los al-  
baceas de los testamentos como lo puede  
hazer despues de confirmado y consagrado

p suplica a v. m. q almenos por esta primera  
vez le sea hecha m[erce]d que no se presente ning[un]o  
esona a dignidad ni calongia ni otro bene  
ficios algunos sino a las personas q el señalare  
y si se compadeçiere se le den algunas pre  
sentaciones en blanco

[crossed out line]

y que por q la prov[inci]a de soconusco esta  
apartada muy lexos de donde el audiencia real de-  
residir q v. m. le de poder pa visitar por  
su persona o por la q embiare el corregidor y  
otros officiales della por q suelen alli robar y  
hazer muchos agravios a los yndios, esto pide  
si pareciere q es cosa conveniente al serv[ici]o de v.  
m.

q con la misma audicion si pareciere q con[vien]e  
q v. m. pide y suplica q se le de poder  
y facultad pa poner visitadores cligos o re  
ligiosos o buenas personas seglares q vea  
sobre el tratamien[t]o a los yndios en todo el obispado

y lo mismo q pueda inquirir por si o por la perssona  
q pusiere sobre el tratami[ent]o de los yndios especial  
mente en las provinçias de chiapa y tavasco  
q son tierras por q estan muy remotas de donde  
a de residir la real audiencia

---

Right margin:

q so conusco se  
en comiende al  
obispo de chiapa  
en t[iem]po m. v. q se  
cargo d chiapa

lo acordad

IDEM

Que se le den las cartas que estan dadas a otros obispos/.

[5] Provision para la audiencia real, por la qual se los cometa que declaren y determinen en lo que oviere duda cerca<sup>insert. 7</sup> del diezmar tocante a los españoles.

[6] Que los bienes que dexaren, asi los que murieren ab intestato, no teniendo herederos forçosos, o de otra manera dexaren bienes los difuntos, no pareciendo heredero en todo aquel obispado, y de los que hasta oy ovieren muerto y ovieren bienes algunos en todo el dicho obispado/ los pueda pedir y tomar el obispo para la<sup>insert. 8</sup> fabrica de las iglesias, o [en] hornamentos o otras cosas del culto divino los pueda gastar/.

No ha logar.

[7] Poder para entre tanto que no fuere consagrado, el dicho electo pueda tomar cuenta a los albaceas de los testamentos/ como lo puede hazer despues de confirmado y consagrado/.

No tiene necesidad de ello/.

[8] Suplica a V.M. que, al menos por esta primera vez, le sea hecha merced que no se presente ninguna persona a dignidad ni calongia ny otro beneficio alguno, sino a las personas que el señalare, y si se compadeciere se le den algunas presentaciones en blanco/.

Que assi se hara/.

[8a] <sup>borr. 9</sup>

[9] Que porque la provincia de Soconusco esta apartada mucho de donde el Audiencia real a de residir,<sup>borr. 10</sup> V. M. le de poder para visitar por su persona o por la que el embiare, al corregidor y otros oficiales de ella, porque suelen alli robar y hazer muchos agravios a los yndios/. Esto pide si pareciere que es cosa conveniente al servicio de V.M.

Que no tiene necesidad de ello/.

Fecha.
Que Soconusco se encomyende al obispo de Chiapa entretanto que se erige obispado.

[10] Con la misma condicion, si pareciere que es servicio de V.M., pide y suplica que se le de poder y facultad para poner visitadores clerigos o religiosos o buenas personas seglares para que vean sobre el tractamyento de los yndios/ en todo el obispado/.

Fecha.
Lo acordado.

[11] Lo mismo que pueda inquirir, por si/ o por la persona que pusiere, sobre el tractamyento de los yndios, especialmente en las provincias de Chiapa y Tavasco y Guaçacualco, porque estan muy remotas de donde a de residir la real Audiencia/.

Idem.

7. cerca *inserto interlinear*  8. la *inserto interlinear*  9. *En el ms.* Yten suplica a V.M. *borrada la linea*  10. residir: que *borrado*

Que V. M. sea servido de ql dho electo obpo
se halle enel tasar de los tributos de los yndios
que ay enel obpado de chiapa y el oydor o la
psona q V. M. señalare y nombrare

Que pues en chiapa ay algunos o algunos re
partimios excessivos q V. M. sea servido ql dho
electo obpo se halle enel moderallos

los soliales

y assimismo enla examinacion de los titulos de los
esclavos se halle el dho electo obpo o la psona q
V. M. señalare si V. M. fuere servido (y si pareciere sea valde ordinario)

y porque audiençias esta remota de qualquiera de las
villas el dho obpado q en bacando qualquiera
regimio tenga autoridad pa lo en corporar
enla corona real de V. M. si pareçiere q sea util
a V. M. y q se cobiga

yten q si dandole a algund vezino q tuviere repar
mio de los tributos q se impusiere alos yndios
e q las provisiones q se hiziere alguna parte por
la comission y poder q ya V. M. tiene y el
dho vezino dexare de su voluntad el dho regimio
q tenga poder pa en corporallo enla corona de
V. M.

yten provision por q pueda prometer a todos
los yndios q estuviere por los montes en qual
quiera pte del dho obpado q por diez años no
pagaran tributo ni usa alguna por algd razon
se vinieren a poblar a donde esten domesticos y
en conversacion de los xpos y ya esten pacificos

yten la misma cedula se les haga si algunos xpianos
y vezinos el dho electo obpo le pareçiere q esta
de salir de algunas poblaziones pobladas q yr
a poblar a algunos despoblados q con terna po
blarse por el comerçio y contratacion asi de xpianos
los unos de yndios

y que pues espera en nro señor el dho electo obpo
de meter muchos pobladores españoles en su tpo
y sazo enlas provincias q gobierna y por q V. M.
estando los años passados vinieron a... hazer
ynpusieron q pudiesen regir la mitad de los tri
butos q inpusiesen alos yndios dellas alos ve
zinos españoles q en ellos meniesen q por esta
poblacion mejor y mas presto se haga supli
camos a V. M. sea servido de avisarles q puedan
repartir por los dhos vezinos españoles la mitad

la otra abtorda
en blanco de
anos ma?

tengan de
la ley del
rey o no

la forma de
los tassadores

[12]    Que V.M. sea servido de que el dicho electo obispo
se halle en el tasar de los tributos de los yndios de todo
el obispado de Chiapa, con el oydor o con la persona
que V.M. señalare y mandare/.

[13]    Que, porque en Chiapa ay alguno o algunos repar-
timyentos excessivos, que V.M. sea servido que el
dicho electo obispo se halle en el moderallos/.

Rúbrica
[de Las Casas]

Que lo solicite.

[14]    Asimismo en la examinacion de los titulos de los esclavos se halle el dicho electo obispo con la persona otra
que se señalare, si V.M. fuere servido/*insert. 11* y si pareciere sea un alcalde ordinario/.*-insert. 11*

[15]    Que porque el Audiencia esta remota de qualquiera
de las villas del dicho obispado, que en vacando qualquiera repartimyento, tenga autoridad para lo encor-
porar en la corona real de V.M., si pareciere que es
servicio de V.M. que el lo haga/.

[16]    Yten, que si dando el a algund vezino, que tuviere
repartimyento, de los tributos que se ympusieren a
los yndios de*borr. 12* las provincias de guerra, alguna
parte por la comission y poder que ya de V.M. tiene/
y el dicho vezino dexare de su voluntad el dicho
repartimyento, que el tenga poder para encorporallo
en la corona de V.M.

[17]    Yten, provision para que pueda prometer a todos los
yndios que estuvieren por los montes en qualquiera
parte de todo el obispado, que por diez años no
pagaran tributo ni cosa alguna por alguna razon, si
vinieren a poblar a donde esten domesticos y en conversacion de los otros que ya estan pacificos/.

Fecha.
La acordada en
blanco, dos anos
mas.

[18]    Yten, la misma merced se les haga, si algunas casas y
vezinos al dicho electo obispo le pareciere que deben
de salir de algunas poblaciones populosas e yr a poblar a algunos despoblados que converna poblarse para
el comercio y contratacion, asi de españoles como de
yndios/.

Fecha.
Que se guarde la
ley del reyno e
ynsertos.

[19]    Que, porque espera en Nuestro Senor el dicho electo
obispo de meter muchos pobladores españoles en su
tiempo y sazon en las provincias de guerra, y por
V.M. estava los años pasados cometido a el y a sus
compañeros que pudiesen regir la mitad de los tributos que inpusiesen a los yndios de ellas a los vezinos
españoles que en ellas metiesen, que porque esta poblacion mejor y mas presto se haga, suplica/ a V.M.
sea servido de cometerles que puedan repartir por los
dichos vezinos españoles que pidie-

---

*11. servido/: y . . . ordinario/. inserto entre los párrafos y en la márgen derecha   12. de: que- borrado*

ren pa a vezindarse y poblar en las dhas
provincias todos los dhos tributos segun al
dho electo obispo paresçiere porq todo rediun
en pro suyo y provecho de v. m. adelante.

En lo q resça a todas las provincias de guerra
el dho electo obispo suplica a v. m. sea servido de mandar
que no dar su provision real pa la audiençia y lo
dhos otros justiçias no se entremeta en esa
ninguna sino fuere en favoresçer la dha obra
pidiendolo el dho electo obispo y religiosos
la ayuda y favor hasta tanto q en ellas
aya pueblos de españoles vezinos.

Carta pa fray pedro de angulo q ninguna cosa
haga en lo q resca a las dhas provincias de
guerra sin paresçer del dho electo obispo.

Que porq el dho electo obispo tiene intinçion
de servir mucho a dios y a v. m. en dar
ninguna y q las cosas de tod
el dho obispado de chiapa y yucatan seran po-
blado de españoles nuevos pobladores q el
en ello entiende y se compromete
tanbien para
venir los religiosos q agora an de pasar
con el e yr a estas dhas provincias por
lo qual entiende como cosa muy necesaria
sea suplica a v. m. le haga mrd
de darle liçençia pa q pasen los diezmos desta
los negros libres de todos derechos asi en
sevilla como en las yndias con tal condiçion
q si no los empare en lo suso dho y pa mantener
ninguna delos religiosos y pobladores y porq
los derechos a v. m. ciento vezes doblados.

Iten suplica a v. m. q porq desde luego
a de gastar muchos mrd de v. m. manda
por alos religiosos en ellos mismos q tanbien
a algunos vezinos y ofiçiales q entiende llevar pa q ayuden a poblar en dhas
dhos v. m. le haga mrd de le mandar ayudar en la casa dela contrataçion de sevilla con
quinientos ducados prestados por los dos o tres
años a cabo delos quales los entiende pagar
y aun si v. m. le haga mrd ellos pues son
pa su serviçio los tomara y resçibira mayor mrd

Incorporada
los chapanecas
cale de de
vos de nuebo
casados

*borr. 13*

ren para avezindarse y poblaren en las dichas provincias, todos los dichos tributos segund al dicho electo obispo pareciere, porque todo redundara en gran servicio y provecho de V.M. adelante/.

Fecha.
Incorporada la otra provysion lo de todo a vecinos de nuevo.*borr. 14*

Cedula a la Abdiencia que favorezcan esto y no consientan que nyngund español/ etc.

[20] Que en lo que toca a todas las provincias de guerra, que el y sus compañeros an començado a pacificar, suplica a V.M. sea servido de mandar dar su provision real para la audiencia y todas otras justicias no se entremetan en cosa ninguna sino fuere en favorecer*error 15* la dicha obra, pidiendoles el dicho electo obispo y religiosos la ayuda y favor, hasta tanto que en ellas aya pueblo*borr. 16* de españoles vezinos/.

[21] Carta para Fray Pedro de Angulo que nynguna cosa haga*borr. 17* en lo que toca a las dichas provincias de guerra sin parecer del dicho electo obispo/.

Rúbrica
[de Las Casas]

[22] Que porque el dicho electo obispo tiene intincion de servir mucho a Dios y a V.M. en*mancha 18* dar manera para que*borr. 19* las tierras de todo el dicho obispado de Chiapa y Yucatan sean pobladas de españoles, nuevos pobladores que el en ella entiende y espera meter/*borr. 20* y tambien para mantener los religiosos que agora an de pasar con el e yr *error 21* a aquellas dichas provincias/ para lo qual entiende como cosa muy necessaria senbrar y hazer labranças de caçabi que se llaman conucos/ suplica a V.M. le haga merced de darle licencia para que pase dos dozenas de esclavos negros, libres de todos derechos asi en Sevilla como en las Yndias/ con tal condicion que, si no los ocupare en lo suso dicho y para mantenimyento de los religiosos y pobladores, que pague los derechos a V.M. cinco vezes doblados/.

Consultar.

[23] Yten, suplica a V.M. que porque desde luego a de gastar mucho mas de lo que V.M. manda dar a los religiosos, con ellos mismos/ y tambien con algunos vezinos y officiales que entiende llevar para que comiencen a poblar en aquellas tierras, V.M. le haga merced de le mandar ayudar en la Casa de la Contratacion de Sevilla con quinientos ducados, prestandoselos por dos o tres años, a cabo de los quales los entienda pagar, y aun si V.M. le haze merced de ellos, pues son para su servicio, los tomara y rescibira mayor merced/.

No hay dispusycion.

*borr. 22*

---

13. *En la márgen izquierda del ms.* Vease la provysion *borrado* 14. *En el ms. debajo de* vecinos: casados *borrado* 15. *En el ms.* favorercer 16. *En el ms.* pueblo: s *borrado* 17. haga: sin *borrado* 18. en: *mancha sigue* 19. que: lo que nuestra *borrado* 20. *En el ms.* V.M. lo haga merced de darle licencia *borrado* 21. *En el ms.* yr: aquellas 22. *En la márgen del ms. debajo del párrafo* Consultase. Vease. *borrado*

9

Iten suplican a v. m. sea seruido de le hazer
md de vna çedula pa q en desenbarcando enel
puerto de cavallos los offiçiales de v. m. le
acudan con los maravedis de su sueldo q oviere corrido
fasta el dia q a v. m. plugiere q de los quinientos mjll q viniere a goçar, porq se le an
de offreçer muchos gastos como a dicho y la paga
de los mrs a ora de ser pagado en desenbarcando.

Iten suplica a v. m.
le haga md de lo q consta
re las bulas de su
consagraçion pues q
ya se le q hubiere dicho
lo entienda gastar ni siruа
enla poblaçion de aquellas
tierras y sus de dios y
de v. m. como padre

Item
que esto se le de al
los vacantes

Iten suplican a v. m. q de las cosas q llevaren
las personas q fueren con el seglares o clerigos no
siendo pa vender ni pa granjear con ellas no
pague almoxarifazgo alguno en ninguna parte
de las yndias ni en sevilla.

Iten suplican a v. m. q sea seruido de mandar ver
vn memorial q trae y haga las mercedes q se
pudieren y conuenjere hazer a los labradores y personas q agora consigo llevare y despues
por su industria fuere a poblar porq sean ayudados
q v. m. a de ser muy seruido de la poblaçion de
aquella tierra en especial.

Iten q porq enla provinçia de yucatan ay çier-
tos españoles fuera dela obedençia dela justiçia
y otros q andan en nuestra estançia son muy
nocivos y dañosos y escandalosos a aquellas
gentes naturales y sera gran impedimento asi
ala pacificaçion dellas como delas q confinan con ellas
q aun estan de guerra porq por las espaldas
dela misma de yucatan se continua las de teculu
tlan q y sus comarcas an venido a pacifi
car suplican a v. m. mande darle su real provision pa q salga de toda aquella tierra todos los
q anda syn represento q en ella estan so graves penas sino
fuese q al obpo electo y obpo pareçiese q algunos
devian quedar. y porq algunos de aquellos
estan condenados a muerte por el visorrey y audien
çia real de mexico y otras penas a v. m.
ygualmente suplican q por espeçial md y privile
gio sea seruido de se las perdonar a aquellos de lin
quentes porq ellos salgan mas ayna y todo se
haga con mas graçia y suavidad.

q se le dan los oficios
de su dignidad
a menos resi-
dençia se de al
guardian y lo
que toca a los
ministros y de su ayuda

pa los q se
van a la tierra
q a los seglares
no se les

del memorial

[24] Yten, suplica a V.M. sea servido de le hazer merced de una cedula para que, en desenbarcando$^{borr.\,23}$ en el Puerto de Caballos, los officiales de V.M.$^{mancha\,24}$ le acudan con los maravedis del tiempo que oviere corrido$^{mancha\,25}$ desde el dia que a V.M. pluguiere que de las quinientas mill comience a gozar/ porque se le an de offrecer muchos gastos, como a dicho, y la paga de los mas avra de ser para en desenbarcando/.

Que para esto se$^{mancha\,26}$ le da la vacante/.
Fecha.

[25] $^{insert.\,27-}$Yten, suplica a V.M. le haga merced de lo que costaren$^{error\,28}$ las bulas de su consegracion, pues que todo lo que hobiere no lo entienda gastar sino en la poblacion de aquellas tierras y servicio de Dios y de V.M., como parecera.$^{-insert.\,27}$

[26] Yten suplica a V.M. que, de las cosas que llevaren las personas que fueren con el, seglares o eclesiasticos, no siendo para vender o para grangear con ellas, no paguen admoxarifadgo$^{corr.\,29}$ alguno en ninguna parte de las Yndias ni en Sevilla/.

Para los clerigos lo acordado/; para los seglares, nombrelos.

[27] Yten, suplica a V.M. que sea servido mandar ver un memorial que dara, y haga las mercedes que se pudieren y convienieren hazer a los labradores y personas que el agora consigo llevare, y despues por su industria fueren a poblar, porque espera en Dios que V.M. a de ser muy servido de la poblacion que·el a de encaminar/.

De el memorial.

Fecha.
Cedula a la Abdiencia que$^{borr.\,30}$ provean lo que viesen que conviene a la poblacion y bien de la tierra y pacificacion de ella/ no permitiendo que hayan hombres$^{error\,33}$ perjudiciales a la tierra.

[28] Yten, que, porque en la provincia de Yucatan ay ciertos españoles fuera de la obediencia de la justicia, y otros que aunque no$^{error\,31}$ muestran estarlo son muy nocivos y dañosos y escandolosos a aquellas gentes naturales/ y sera gran impedimento asy a la pacificacion de ellas como de las que confinan con ellas que aun estan de guerra, porque por las espaldas de la misma$^{error\,32}$ provincia de Yucatan se continuan las de Teçulutlan que el y sus compañeros an començado a pacificar/ suplica a V.M. mande darle su real provision para que salgan de toda aquella tierra todos los españoles que en ella estan, so graves penas/ sino fuese que al dicho electo obispo pareciese que algunos devian quedar/. Y porque algunos de aquellos estan condenados a muerte por el visorey y Audiencia real de Mexico y a otras penas, a V.M. humilmente suplica que por especial merced y privilegio sea servido de se las perdonar a aquellos delinquentes, porque ellos salgan mas ayna/ y todo se haga con mas gracia y suavidad/.

---

*23.* desembarcando: *de* borrado   *24.* V.M. *mancha en medio*   *25.* corrido *la* d *manchada y sobre-escrita*   *26.* se *mancha encima*   *27.* Yten . . . parecera. *inserto todo el párrafo en la márgen izquierda*   *28. En el ms.* constaren   *29. En el ms.* admoxarifago: dgo *correccion escrita encima*   *30.* que: provea *borrado*   *31. En el ms.* no *borrado erróneamente*   *32. En el ms.* misma de Yucatán   *33. En el ms.* hombre

Veasse sy esta proveyda respuesta para Montejo y sus officiales.

[29]     Y porque el Adelantado Montejo tiene cometida por V.M. de muchos años aca la governacion de aquella tierra de Yucatan/ y el, allende de las muchas guerras ynjustas y oppressivas y despoblaciones de$^{corr.\ 34}$ muchas gentes de ella que, con la gente española que alli tuvo, por casi siete años sin cessar hizo, por lo qual merece$^{corr.\ 35}$ perdella: esta perdido sin tener un pan que comer, y viejo y enfermo por manera que le es imposible, aunque V.M. se la quisiese dexar, pobalalla y remedialla, señaladamente/ teniendo los yndios siempre presente el horror y espanto y enemistad del dicho Montejo y gente española por los dichos grandes males y daños$^{borr.\ 36}$ y diminucion que de ellos rescibieron, que tornarlo a ver otra vez seria nunca ser traydos al cognoscimiento de Dios y servicio de V.M., agraviando y certificando mucho todo esto los agravios que, despues de el salido, de los que alli estan agora, rescibieron; y sobre todo el oprobio de nuestra Sancta Fe que alli pusieron aquellos mismos españoles que alli estan, trayendo las cargas de ydolos y vendiendoselos porque los diesen esclavos/ suplica a V.M., por la mejor via que ser pueda, mande declarar al dicho Montejo por excluido de aquella tierra/ porque mas libremente el dicho electo obispo pueda entender en su pacificacion y conversion y poblacion, y los que alli obieren de yr, asi religiosos como seglares, esten seguros y sin sobresalto que Montejo ni otro los a de yr a estorvar y perturbar/.

[30]     Yten, ultimamente suplica a V.M. el dicho electo obispo, que$^{insert.\ 37}$ si a V. M. pluguiere y pareciere, que el puede en aquellas tierras, asi en las cosas apuntadas como en otras cualesquiera que sean decentes a su dignidad y estado, servir a V.M., se lo mande de la manera que fuera servido, porque el esta aparejado con todas sus fuerças hasta acabar la vida de lo hazer/ y en ello rescibira muy señalada merced, y pensara que sirve mucho a Dios en servir a V.M., porque ya para esto esta muy dedicado/.

---

*34. En el ms.* en: de *escrito encima*   *35. En el ms.* mereceria *la terminación* ria *borrada*   *36.* daños: que ellos *borrado*   *37.* que: si *inserto interlinear*

regreso a dios nuestro Señor ... sus obras y favores

Rogando a Dios aumente sus estados y señorios,

Fray Bartolome de las Casas
[firma con rúbrica]

Casar

[Registros en la cubierta final, escritos en tres
letras disintas, con la hoja al través:]


Fray Bartolome de las Casas
Fecha.

C a s a s

†

## Sacred Caesarean Catholic Majesty

[Introduction]    Fray Bartolomé de las Casas, elected bishop by Your Majesty of the Royal City of Chiapa, kisses Your Majesty's hands and says that it appears to the royal Council of the Indies, for just and urgent reasons, that he should go on the first fleet dispatched thither, for thus it is fitting for the service of Your Majesty. Therefore in order that he may better perform what he should do in his office and serve Your Majesty—carrying out your royal will in the conservation of the Indians who are already reduced to the royal crown, and for their conversion and salvation; and in the pacification and reduction of those who are not at peace nor reduced, by the preaching of the Gospel amid those peoples and lands bordering the said bishopric; and also the settlement of Spaniards which he greatly desires to commence and do, wherein

Done.    great is the service that Your Majesty will receive/—he begs Your Majesty deign to order the following things to be granted and provided for him.

To the audiencia.
    Done.

[1]    Firstly that Your Majesty deign to order the boundaries of the said bishopric to be determined, and how they are distinguished from the bishoprics of Guatimala [Guatemala] and Honduras and Tascala [Tlaxcala] and Guaxaca [Oaxaca].

The same. If they're
outside the limits,
let it be entrusted
to him.

[2]    That the Provinces of War which are called Teçulutlán and Lacandón, etc., which he and his comrades worked to secure and bring to peace, which are very near the said City and Province of Chiapa, may enter within the limits of his diocese, for this was the principal reason for which he accepted that bishopric—namely in order better to carry on and effect the pacification and conversion of the people thereof—and that these may reach to the Golfo Dulce inclusive with the land of Yucatán.

In the executorials.

[3]    A directive for the royal Audiencia [de los Confines] and for all the other justices that, in all matters and cases that may pertain to the ecclesiastical jurisdiction, the royal justices give all favor and help, and execute all that the bishop may require and ask them [as] support of the secular arm according as it is determined by law, and this with penalty.

[4]    A directive for the royal audiencia and for all other justices that they inviolably keep the ecclesiastical immunities in everything and for everything, according as this is established by law, imposing penalties on whoever might do the contrary or break them.

[4a]    ✱ Deletion

---

✱ *Deletion.* Authority that the bishop may carry a staff of office in his bishopric, as is customary. *Entire paragraph deleted.*

Let him be given the letters that are given to other bishops.

[5] A directive for the royal audiencia, whereby it be committed to them that they declare and determine whatever may be doubtful about tithing relative to the Spaniards.

There's no reason.

[6] That the goods which may be left by those who die intestate, having no heirs at law—or that the dead may leave otherwise, no heir appearing in all that bishopric; as well as those who have died [thus] till now and had any goods in all the said bishopric—the bishop may ask and take for the building of churches, or may spend them for sacred ornaments or other things of divine worship.

He has no need of it.

[7] Power so that the said bishop-elect, in the interim while he is not consecrated, may take accounting from administrators of wills, as he may do after he is confirmed and consecrated.

That thus it will be done.

[8] He begs Your Majesty that, at least for this first time, it be granted him that no person be presented for a dignity or canonry or any other benefice whatever, save the persons whom he shall name, and if it so please that he may be given some blank presentations.

[8a] ** Deletion

That he has no need of it.

[9] That because the province of Soconusco is very far from where the royal audiencia is to reside, Your Majesty may give him power to inspect in person, or through the one he may send, the corregidor and other officials thereof, because there they are accustomed to rob and to do many injuries to the Indians. This he asks if it should appear that it is a matter fitting to the service of Your Majesty.

Done. Let Soconusco be entrusted to the Bishop of Chiapa meantime, until a bishopric is erected.

[10] With the same condition, if it appears that it is a service to Your Majesty, he asks and begs that he be given power and faculty to install visitors—clerics or friars or good lay persons—in order that they may oversee the treatment of the Indians in the whole bishopric.

Done. What was resolved.

[11] Likewise that he may inquire, by himself or by the person whom he may install, concerning the treatment of the Indians especially in the provinces of Chiapa and Tavasco [Tabasco] and Guaçacualco [Coatzacoalcos], because they are very remote from where the royal audiencia is to reside.

The same.

---

** Deletion. Item, he begs Your Majesty. *Entire line deleted.*

Let them give him
a copy of the
assessments.

[12] That Your Majesty deign that the said bishop-elect participate in the levying of tributes on the Indians in the whole bishopric of Chiapa, with the royal judge or with the person whom Your Majesty may name and send.

[13] That because in Chiapa there are some or many excessive repartimientos [allotments of Indians], Your Majesty deign that the said bishop-elect may participate in moderating them.

[Las Casas']
rubric

Let him request it.

[14] Likewise in the examination of the titles to the slaves, may the said bishop-elect participate with the other person to whom it may be assigned, if Your Majesty be pleased; and if it seems fitting, may it be an ordinary alcalde.

[15] That because the audiencia is remote from any of the towns of the said bishopric, that when any repartimiento [allotment] becomes vacant, he may have authority to incorporate it under the royal crown of Your Majesty if it appear that it is a service to Your Majesty that he should do so.

[16] Item, that if he gives to any settler, who has a repartimiento, any portion from the tributes which may be imposed on the Indians of the Provinces of War by the commission and power he already has from Your Majesty, and the said settler should by his free will give up the said repartimiento, that he may have power to incorporate it in the crown of Your Majesty.

[17] Item, a directive that he may promise to all the Indians who might be in the wilderness, in any part of all the bishopric, that for ten years they will not pay tribute nor any thing for any reason, if they come to found towns where they may be settled and in communication with the others who are already at peace.

Done.
What was granted
in blank, two
more years.

[18] Item, may the same favor be granted them, if it would seem to the said bishop-elect that some households and inhabitants should leave certain populous settlements and go to settle in certain unpopulated regions, which ought to be settled for the commerce and communication of Spaniards as well as of Indians.

Done.
Let the law of
the kingdom and
inserts be kept.

[19] That because the said bishop-elect hopes in Our Lord to place many Spanish settlers in due time and season in the Provinces of War; and by Your Majesty it was committed in past years to him and his companions that they might award, to Spanish settlers whom they placed therein, one-half of the tributes they imposed on the Indians thereof; so in order that this settlement be made better and more quickly, he begs Your Majesty design to grant them that they may distribute among the said Spanish settlers, who ask

Done.
With the other
provision incor-
porated, let him
give it all to
the settlers anew.

to become residents and settle in the said provinces, all the said tributes as it may seem fitting to the said bishop, because all will redound in great service and profit for Your Majesty henceforth.

Cedula to the audiencia to favor this and not consent that any Spaniard, etc.

[20] That in what concerns all the Provinces of War, which he and his companions have begun to pacify, he begs Your Majesty deign to order your royal provision given for the audiencia and all other justices, not to interfere in any matter, except it be to help the said work if the said bishop-elect and friars ask them for help and favor, until the time that there be therein towns of Spanish residents.

[21] A letter for Fray Pedro de Angulo that he do nothing in that which concerns the said Provinces of War without the advice of the said bishop-elect.

[Las Casas'] rubric

[22] That because the said bishop-elect has the intention greatly to serve God and Your Majesty by providing a means so that the lands of all the said bishopric of Chiapa and Yucátan may be settled by Spaniards, new settlers whom he plans and hopes to place therein; and also to maintain the friars who now are to travel with him and go to those said provinces, for the which he deems it a very necessary thing to sow and till farms of cassava, which are called small plantations—[therefore] he begs Your Majesty to grant him the favor of giving him a license so that he may take thither two dozen Negro slaves, exempt from all duties both in Seville and in the Indies, under the condition that, if he does not occupy them in the aforesaid and for the maintenance of the friars and settlers, he pay the duties to Your Majesty five-fold.

Consult.

[23] Item, he begs Your Majesty that because very shortly he must spend much more than what Your Majesty orders given the friars, for themselves and also for certain settlers and staff whom he plans to take, so that they may begin to settle in those lands—Your Majesty may do him the grace to have him assisted in the House of Trade of Seville with five hundred ducats, these being loaned to him for two or three years, at the end of which he would undertake to repay them, and even if Your Majesty grants them to him, as they are for your service, he will take them and will receive greater favor.

There's no disposition.

Praying God to increase your estates and dominions,

Fray Bartolomé de las Casas
[signature with rubric]

[Entries on the back cover, written in three different
hands, with the sheet turned sideways:]


            Fray Bartolomé de las Casas
                    Done.

C a s a s

# Classified Bibliography
## *Bibliografía Clasificada*

## 1. Abbreviations
### *Abbreviaturas*

#### Archives
#### *Archivos*

| | |
|---|---|
| AGI | Archivo General de Indias, Seville |
| Archivio O.P. | Archivio Generale della Ordine dei Predicatori, Santa Sabina, Rome |
| ASV | Archivio Segreto Vaticano, Vatican City, Rome |

#### Catalogs
#### *Catálogos*

**Bibliog. Casas** — Hanke, Lewis, *and* Manuel Giménez Fernández. Bartolomé de Las Casas, 1474–1566, bibliografía crítica y cuerpo de materiales para el estudio de su vida, escritos, actuación y polémicas que suscitaron durante cuatro siglos. Santiago de Chile, Fondo Histórico y Bibliográfico José Toribio Medina, 1954. xxxvii, 394 p.

**Catalog. Casas** — Wagner, Henry Raup, *and* Helen Rand Parish. Narrative and critical catalogue of Casas' writings. *In their* The life and writings of Bartolomé de las Casas. Albuquerque, University of New Mexico Press [1967] p. [253]–298.

**Catalog. Escorial Miguélez** — Escorial. *Biblioteca.* Catálogo de los códices españoles de la Biblioteca del Escorial. 1. Relaciones históricas. [Por] P. Miguélez. Madrid, Impr. Helénica, 1917. xlvii, 363 p.

**Catalog. Protocolos** — Seville. *Archivo de Protocolos.* Catálogo de los fondos americanos del Archivo de Protocolos de Sevilla. t. 2. Siglo XVI. Madrid, Compañía Ibero-Americana de Publicaciones, 1930. 591 p. (Colección de documentos inéditos para la historia de Hispano-América, t. 8 [i.e. 11])

**Catalog. Vera Paz** — Saint-Lu, André. Catalogue documentaire et bibliographique. *In his* La Vera Paz, esprit évangélique et colonisation. Paris, Centre de recherches hispaniques, Institut d'études hispaniques, 1968. p. [545]–630.

#### Collections
#### *Colecciones*

**Col. Fabié** — Fabié y Escudero, Antonio Maria. Vida y escritos de don fray Bartolomé de las Casas, obispo de Chiapa. t. 2. [Apéndices] Madrid, Impr. de M. Ginesta, 1879. 675 p.

**Col. Hernáez** — Hernáez, Francisco Javier, *ed.* Colección de bulas, breves y otros documentos relativos a la Iglesia de América y Filipinas. t. 1. Bruselas, Impr. de A. Vromant, 1879. 988 p.

**DIE** — Colección de documentos inéditos para la historia de España. t. 70–71. Madrid, Impr. de M. Ginesta, 1879. 2 v.
Contains another printing of Col. Fabié.

**DIHA** — Montoto de Sedas, Santiago, *ed.* Colección de documentos inéditos para la historia de Ibero-América. Madrid, Editorial Ibero-Africano-Americana [1927] 427 p. [Colección de documentos inéditos para la historia de Hispano-América, t. 1]

**DII** — Colección de documentos inéditos, relativos al descubrimiento, conquista y organización de las antíguas posesiones españolas de América y Oceanía, sacados de los archivos del reino, y muy especialmente del de Indias. t. 4, 7, 13, 24, 41. Madrid, 1865–85. 5 v. (Colección de documentos inéditos del Archivo de Indias)

**DIU** — León Pinelo, Antonio Rodríguez de. Indice general de los papeles del Consejo de Indias, publicado en virtud de acuerdo de la Real Academia de la Historia. Madrid, Tip. de la "Revista de archivos, bibliotecas y museos," 1923–26. 6 v. (Colección de documentos inéditos relativos al descubrimiento, conquista y organización de las antíguas posesiones españolas de ultramar, 2. ser., t. 14–19)

**Docs. Carranza** — Tellechea Idígoras, José Ignacio, *ed.* Fray Bartolomé Carranza; documentos históricos. t. 1. Recusación del inquisidor general Valdés (tomo XII del proceso). Madrid, Real Academia de la Historia, 1962. xxxviii, 459 p. (Archivo documental español, t. 18)

**Docs. Colombia** — Friede, Juan, *ed.* Documentos inéditos para la historia de Colombia coleccionados en el Archivo General de Indias de Sevilla. [t.] 10. 1549–1550. Bogotá, Academia de Historia, 1960. 395 p.

**Epistolario Nueva España** — Paso y Troncoso, Francisco del, *comp.* Epistolario de Nueva España, 1505–1818. t. 4. 1540–1546. Mexico, Antigua Librería Robredo, de J. Porrúa, 1939. 265 p. (Biblioteca histórica mexicana de obras inéditas, 2. ser., [t.] 4)

**Opúsculos Casas** — *See* Casas, Bartolomé de las, *Bp. of Chiapa.* Obras escogidas. [v.] 5. Opúsculos, cartas y memoriales (in section on contemporary writings)

## 2. Documents of Las Casas' Episcopate

1543    Royal documents of Las Casas' presentation as Bishop of Chiapa—unpublished AGI items listed in *Catalog. Vera Paz,* no. 115 and *Bibliog. Casas,* no. 185.

1543    Bishop-elect Las Casas' petition to the Emperor, first published here.

1543–   Papal documents for the consecration and privileges of Las
1544    Casas as Bishop of Chiapa. Original bulls and briefs in AGI, summarized in Ybot León, *La Iglesia y los eclesiásticos españoles en la empresa de Indias,* 2:113–114. Original records in ASV—Archivio Consistoriale (Acta Camerarii, Acta Vicecancellarii, and Acta Miscellanea), Camera Apostolica (Obligationes Comunes), and Cancellaria Apostolica (Registri Lateranensi "De Provisiones Prelatorum"). Executorials, after examination of bulls by the Council, *Col Fabié,* App. VIII, *DIE,* 70:506–507.

1544    Dispatches for Bishop-elect Las Casas—*Col. Fabié,* App. VIII, *DIE,* 70:491–505; unpublished items listed in *Bibliog. Casas,* no. 194–195 and 200–202, and *Catalog. Vera Paz,* no. 136.

1544    Testimony and bull of Bishop Las Casas' consecration. *Col. Fabié,* App. XXVI, *DIE,* 71:363–366.

1544    Bishop Las Casas' payment and passage documents, etc. Printed items in *Col. Fabié,* App. VIII, *DIE,* 70:507–509; *DII,* 7:395; *Catalog. Protocolos,* t. 2, App. 14; and Manuel Giménez Fernández, "Los restos de Cristobal Colón en Sevilla," App. IV. Unpublished items listed in *Bibliog. Casas,* no. 208, 213, 216.

1544–   Bishop Las Casas' letters. To Prince Philip from Seville,
1545    Santo Domingo, and Honduras, *Opúsculos Casas,* docs. XVI–XIX, XXI, and XXIV-XXV. To Prince Philip from Tabasco, in Casas, *Tratado de Indias,* p. 99–106. To the Ciudad Real de Chiapa town council from Campeche, and to Philip from Honduras, both lost, reconstructed in *Catalog. Casas,* no. 31 and 35. To Baltasar Guerra, encomendero of Chiapa, from Ciudad Real, in Saint-Lu, *La Vera Paz,* App. II.

1545–   Bishop Las Casas' ecclesiastical documents. Sermon before
1546    landing, Remesal, *Historia . . . de Chiapa y Guatemala,* 1:343–349; Holy Week proclamation, *Opúsculos Casas,* doc. XXII; juridical information on conversion and episcopal visitation of the Provinces of War, *DII,* 7:216–231; appointment of vicar general and directions for confessors, Remesal, *Historia . . . de Chiapa y Guatemala,* 2:160–165.

1545–   Official government documents by, for, or about Bishop Las
1548    Casas. His petitions to the Audiencia de los Confines, 1545—Remesal, *Historia . . . de Chiapa y Guatemala,* 2:56–58; reconstruction, *Catalog. Casas,* no. 34; and *Opúsculos Casas,* doc. XXIII; unpublished petition with the other Central American bishops, AGI, Indiferente General 1381. Unpublished letters of Tello de Sandoval to and about Bishop Las Casas, 1545–1546, Biblioteca Universitaria de Salamanca. The Council to Bishop Las Casas, 1547, enclosing various cedulas, *Col. Fabié,* App. XIII, *DIE,* 70:543–547; published cedula, *DII,* 7:239–241; unpublished cedulas listed in *Bibliog. Casas,* no. 260, 264–265, 269, and 301–303.

1550    Letters and cedulas on Las Casas' resignation as Bishop of Chiapa—*Col. Fabié,* App. XVII, *DIE,* 70:559–560; and unpublished items listed in *Bibliog. Casas,* no. 310, 315–316, and 334.

For letters to and reports on Bishop Las Casas, not treated in this study, see note 43; also Ximénez, *Historia . . . de San Vicente de Chiapa y Guatemala,* containing the diary of Fray Tomás de la Torre.

## 2. *Documentos del Obispado de Las Casas*

1543    Documentos reales de la presentación de Las Casas para el cargo de Obispo de Chiapa—documentos inéditos del AGI enumerados en *Catalog. Vera Paz,* no. 115, y *Bibliog. Casas,* no. 185.

1543    Petición del Obispo Electo Las Casas al Emperador, publicada por primera vez en el presente estudio.

1543–   Documentos papales para la consagración y los privilegios
1544    de Las Casas, como Obispo de Chiapa. Bulas y breves originales en el AGI, resumidos en Ybot León, *La Iglesia y los eclesiásticos españoles en la empresa de Indias,* 2:113–114. Registros originales en el ASV—Archivio Consistoriale (Acta Camerarii, Acta Vicecancelarii y Acta Miscellanea), Camera Apostolica (Obligationes Comunes), y Cancellaria Apostolica (Registri Lateranensi "De Provisiones Prelatorum"). Executoriales, después de vistas las bulas en el Consejo, *Col. Fabié,* Ap. VIII, *DIE,* 70:506–507.

1544    Despacho del Obispo Electo Las Casas. *Col. Fabié,* Ap. VIII, *DIE,* 70:491–505; documentos inéditos enumerados en *Bibliog. Casas,* nos. 194–195 y 200–202, y *Catalog. Vera Paz,* no. 136.

1544    Testimonio y bula de la consagración del Obispo Las Casas. *Col. Fabié,* Ap. XXVI, *DIE,* 71:363–366.

1544    Documentos de pago y de pasaje, etc., del Obispo Las Casas. Documentos publicados en *Col. Fabié,* Ap. VIII, *DIE,* 70:507–509; *DII,* 7:395; *Catalog. Protocolos,* t. 2, Ap. 14; y Manuel Giménez Fernández, "Los restos de Cristobal Colón en Sevilla," Ap. IV. Documentos inéditos enumerados en *Bibliog. Casas,* no. 208, 213, 216.

1544–   Cartas del Obispo Las Casas. Al Príncipe Felipe desde
1545    Sevilla, Santo Domingo y Honduras, *Opúsculos Casas,* docs. XVI–XIX, XXI y XXIV–XXV. Al Príncipe Felipe desde Tabasco, en Casas, *Tratado de Indias,* p. 99–106. Al cabildo municipal de la Ciudad Real de Chiapa desde Campeche, y a Felipe desde Honduras, ambas perdidas, reconstruidas en *Catalog. Casas,* no. 31 y 35. A Baltasar Guerra, encomendero de Chiapa, desde Ciudad Real, en Saint-Lu, *La Vera Paz,* Ap. II.

1545–   Documentos eclesiásticos del Obispo Las Casas. Sermón antes
1546    de desembarcar, Remesal, *Historia . . . de Chiapa y Guatemala,* 1:343–349; Proclama de Semana Santa, *Opúsculos Casas,* doc. XXII; información jurídica sobre la conversión y la visita episcopal de las Provincias de Guerra, *DII,* 7:216–231; nombramiento del vicario general y reglas para los confesores, Remesal, *Historia . . . de Chiapa y Guatemala,* 2:160–165.

1545–   Documentos oficiales del Obispo Las Casas como firmante,
1548    destinatario o sujeto. Peticiones dirigidas por él a la Audiencia de los Confines, 1545—Remesal, *Historia de . . . Chiapa y Guatemala,* 2:56–58; reconstitución, *Catalog. Casas,* no 34; y *Opúsculos Casas,* doc. XXIII; petición inédita, con los otros obispos centroamericanos, AGI, Indiferente General 1381. Cartas inéditas de Tello de Sandoval al Obispo Las Casas o sobre su actuación, 1545–1546, Biblioteca Universitaria de Salamanca. El Consejo al Obispo Las Casas, 1547, enviando varias cédulas, *Col. Fabié,* Ap. XIII *DIE,* 70:543–547; cédula publicada, *DII,* 7:239–241; cédulas inéditas enumeradas en *Bibliog. Casas,* no. 260, 264–265, 269, y 301–303.

1550    Cartas y cédulas de la renuncia de Las Casas al cargo de Obispo de Chiapa—*Col. Fabié,* Ap. XVII, *DIE,* 70:559–560; y documentos inéditos enumerados en *Bibliog. Casas,* nos. 310, 315–316, y 334.

Las cartas al Obispo Las Casas y los informes sobre su episcopado, no comentados en el presente estudio, se citan en nota 43; véase también Ximénez, *Historia . . . de San Vicente de Chiapa y Guatemala,* que contiene el diario de Fray Tomás de la Torre.

## 3. Las Casas' Treatises Relating to the Episcopate
### Tratados de Las Casas Relativos al Episcopado

> Treatises by Bishop Las Casas, exercising or defining episcopal functions, duties, or privileges.
> *Tratados por el Obispo Las Casas, ejerciendo o delineando funciones, deberes o privilegios episcopales.*

1544   *Este es vn tratado . . . sobre la materia de los yndios*
Revised 1548   *que se han hecho . . . esclauos.* Seville, 1552. *(Opúsculos Casas,* doc. XXVIII; cf. *Catalog. Casas,* no. 23, dates of composition.)

1546   *Aqui se cõtiene vnos auisos y reglas para los confes-*
Revised 1548   *sores.* Seville, 1552. *(Opúsculos Casas,* doc. XXVI; cf. *Catalog. Casas,* no. 41, dates of composition.)

1546   "De exemptione, cum monitione": "La exención y la monición." (In Parish and Weidman, *Las Casas en México.*)

## 4. Contemporary Writings and Legal Codes
### Escritos Contemporáneos y Códigos Legales

Alonso de la Vera Cruz, *fray.* The writings of Alonso de la Vera Cruz; the original texts with English translation edited by Ernest J. Burrus. [v.] 5. Spanish writings: [v.] 2. Letters and reports. Rome, Jesuit Historical Institute; St. Louis, Mo., St. Louis University, 1972. 382 p. (Sources and studies for the history of the Americas, v. 12)

Casas. Bartolomé de las, *Bp. of Chiapa.* De exemptione, cum monitione. Editio princeps del texto latino transcrito por Harold E. Weidman, versión española de Roberto Gómez Ciriza. *In* Parish, Helen Rand, *and* Harold E. Weidman. Las Casas en México: una historia y una obra misteriosas.
    In press.

—— Obras escogidas. [v.] 5. Opúsculos, cartas y memoriales. Illustración preliminar y edición por Juan Pérez de Tudela Bueso. Madrid, Ediciones Atlas, 1958. xxiii, 557 p. (Biblioteca de autores españoles, desde la formación del lenguaje hasta nuestros días (continuación), t. 110)
    "Aquí se contienen unos avisos y reglas para los confesores . . . ": p. 235–240.
    "Brevisima relación de la destruición de las Indias": p. 134–181.
    "Tratado sobre los indios que se han hecho esclavos": p. 257–290.

—— Tratado de Indias y el Doctor Sepúlveda. [Estudio preliminar de Manuel Jiménez [sic] Fernández] Caracas, Academia Nacional de la Historia, 1962. lxxviii, 260 p. (Fuentes para la historia colonial de Venezuela. Biblioteca de la Academia Nacional de la Historia, [t.] 56.)

Cruz, Juan de la. *See* Juan de la Cruz, *fray*

Gómara, Francisco López de. Hispania victrix. Primera y segunda parte de la Historia general de las Indias. *In* Vedia, Enrique de, *ed.* Historiadores primitivos de Indias. t. 1. Madrid, Impr. de M. Rivadeneyra, 1852. (Biblioteca de autores españoles, desde la formación del lenguaje hasta nuestros días, [t. 22]) p. [155]–455.

Gutiérrez de Santa Clara, Pedro. Historia de las guerras civiles del Perú, 1544–1548, y de otros sucesos de las Indias. [Introd. y ed. por Manuel Serrano y Sanz] t. 1. Madrid, V. Suarez, 1904. lxxiii, 479 p. (Colección de libros y documentos referentes á la historia de América, t. 2)

Herrera y Tordesillas, Antonio de. Historia general de los hechos de los Castellanos en las Islas i tierra firme del Mar oceano. En Mad. en la Emplenta real, 1601–15. 9 pts. in 4 v.

Juan de la Cruz, *fray.* Coronica de la Orden de Predicadores, de su principio y successo hasta nuestra edad, y compilada de historias antiguas. Partes primera y segunda. [Lisboa, M. Iuan, 1567] 257 leaves.

Las Casas, Bartolomé de. *See* Casas, Bartolomé de las, *Bp. of Chiapa*

León Pinelo, Antonio Rodríguez de. Tratado de confirmaciones reales de encomiendas, oficios i casos. Madrid, I. Gonzales, 1630. 173 leaves, [34] p.

Leyes nuevas de Indias. *See* Spain. *Laws, statutes, etc., 1516–1556 (Charles I)*

López de Gómara, Francisco. *See* Gómara, Francisco López de

Marroquín, Francisco, *Bp.* El licenciado don Francisco Marroquín, primer obispo de Guatemala (1499–1563); su vida, sus escritos. [Por] Carmelo Sáenz de Santa María. Madrid, Ediciones Cultura Hispánica, 1964. 371 p.

Recopilación de Indias. *See* Spain. *Laws, statutes, etc.*

Remesal, Antonio de. Historia general de las Indias occidentales, y particular de la gobernación de Chiapa y Guatemala. 2 ed. Guatemala, C.A. [Tip. Nacional] 1932. 2 v. (Biblioteca "Goathemala" de la Sociedad de Geografía e Historia, v. 4–5)

Rubio, Fernando. Las noticias referentes a América, contenidas en el manuscrito V-II-4 de la Biblioteca de El Escorial. Revista de Indias, año 11, enero/junio 1951: 111–121.

Santa Cruz, Alonso de. Crónica del emperador Carlos V. v. 4. Madrid, Impr. del Patronato de Huérfanos de Intendencia e Intervención Militares, 1923, 590 p.

Sepúlveda, Juan Ginés de. De rebus gestis Caroli-Quinti, imperatoris et regis hispaniae. Matriti, Typ. regia de la Gazeta, 1780. 2 v. (*His Opera,* v. 1–2)

Spain. *Laws, statutes, etc.* Recopilacion de leyes de los reynos de las Indias. Madrid, I. de Paredes, 1681. 4 v.

Spain. *Laws, statutes, etc., 1516–1556 (Charles I).* Leyes nuevas de Indias. Mexico [B. Pagliai] 1952. lxxviii p., xiii leaves.
    Added title page: Leyes y ordenanças nueuamẽte hechas por su Magestad ṗa la gouernacion de las Indias y buen tratamiento y conseruacion de los Indios.
    "Reproducción facsimilar de la edición de Alcalá de Henares, 1543."
    "Estudio preliminar por Agustín Millares Carlo": p. xi–lxxviii.

Vera Cruz, Alonso de la. *See* Alonso de la Vera Cruz, *fray*

Ximénez, Francisco. Historia de la provincia de San Vicente de Chiapa y Guatemala de la Orden de Predicadores. Guatemala, C.A. [Tip. Nacional] 1929–31. 3 v. (Biblioteca "Goathemala" de la Sociedad de Geografía e Historia, v. 1–3)

## 5. Modern Studies
### Estudios Modernos

Bataillon, Marcel. Études sur Bartolomé de las Casas. Paris, Centre de recherches de l'Institut d'études hispaniques, 1966. xl, 347 p. (Théses, mémoires et travaux, 5)

Chamberlain, Robert S. The conquest and colonization of Yucatan, 1517–1550. Washington, Carnegie Institution of Washington, 1948. 365 p. (Carnegie Institution of Washington. Publication 582)

—— The governorship of the Adelantado Francisco de Montejo in Chiapas, 1539–1544. *In* Carnegie Institution of Washington. Contributions to American anthropology and history. v. 9. Washington, 1948. (Carnegie Institution of Washington. Publication 574) p. [163]–207.

Chauvet, Fidel de Jesús. Fray Jacobo de Tastera, misionero y civilizador del siglo XVI. *In* Estudios de historia novohispana. v. 3. Mexico, Universidad Nacional Autonoma de Mexico, Instituto de Investigaciones Históricas, 1970. p. [7]–33.

Dussel, Enrique D. Les évêques hispano-américains, défenseurs et évangelisateurs de l'indien, 1504–1620. Wiesbaden, F. Steiner, 1970. lxi, 286 p. (Veröffentlichungen des Instituts für Europäische Geschichte, Mainz, Bd. 58. Abteilung Abendländische Religionsgeschichte)

Foronda y Aguilera, Manuel de, *Marqués de Foronda.* Estancias y viajes del Emperador Carlos V. [Madrid] 1914. xliii, 714 p.

Friede, Juan. Las Casas and indigenism in the sixteenth century. *In* Bartolomé de las Casas in history: toward an understanding of the man and his work. Edited by Juan Friede and Benjamin Keen. DeKalb, Northern Illinois University Press [1971] p. 127–234.

—— Vida y luchas de don Juan del Valle, primer obispo de Popayán y protector de indios; estudio documental basado en investigaciónes realizadas en los archivos de Colombia, España y el Vaticano, Prólogo del Dr. D. Manuel Giménez Fernández. Popayán [Colombia, Editorial Universidad] 1961. 270 p.

Giménez Fernández, Manuel. Los restos de Cristobal Colón en Sevílla. *In* Anuario de estudios americanos. t. 10. Sevilla, 1953. (Publicaciones de la Escuela de Estudios Hispano-Americanos de Sevilla, 88) p. 1–170.

Hanke, Lewis. La lucha por la justicia en la conquista de América. Buenos Aires, Editorial Sudamericana [1949] 571 p.

—— Pope Paul III and the American Indians. Harvard theological review, v. 30, Apr. 1937: 65–102.

Lohmann Villena, Guillermo. La restitución por conquistadores y encomenderos: un aspecto de la incidencia lascasiana en el Perú. *In* Anuario de estudios americanos. t. 23. Sevilla, 1966. (Publicaciones de la Escuela de Estudios Hispano-Americanos de Sevilla, 174) p. 21–89.

Parish, Helen Rand. The correct birthdate of Bartolomé de Las Casas, by Helen Rand Parish and Harold E. Weidman. Hispanic American historical review, v. 56, Aug. 1976: 385–403.

—— Las Casas en México: una historia y una obra misteriosas, por Helen Rand Parish y Harold E. Weidman.

In press; to be published in Madrid by Editorial Porrúa Turanzas in 1980.

—— El nacimiento de Las Casas, por Helen Rand Parish y Harold E. Weidman. ABC (Madrid), 3 de sept, de 1975: 4.

—— The rediscovery of Las Casas: the untold story of Indian rights from the discovery of America to the Counter-Reformation.

In preparation.

—— *See* Wagner, Henry Raup

Pérez de Tudela, Juan. Significado histórico de la vida y escritos del padre Las Casas. [Estudio critico preliminar] *In* Casas, Bartolomé de las, *Bp. of Chiapa.* Obras escogidas. v. 1. Historia de las Indias. Madrid, Ediciones Atlas, 1957. (Biblioteca de autores españoles, desde la formación del lenguaje hasta nuestros días (continuación), t. 95) p. [ix]–clxxxviii.

Saint-Lu, André. Un episode romancé de la biographie de Las Casas: le dernier séjour de l'évêque de Chiapa parmi ses ouailles. *In* Mélanges offerts à Marcel Bataillon par les hispanistes français, et publiés par les soins de Maxime Chevalier, Robert Ricard, Noël Salomon. Bordeaux, Féret [1962] (Bulletin hispanique, t. 64 bis. Annales de la Faculté des lettres de Bordeaux, 84. année, 4. sér.) p. 223–41.

—— La Vera Paz, esprit évangélique et colonisation. Paris, Centre de recherches hispaniques, Institut d'études hispaniques, 1968. 663 p. (Thèses, mémoires et travaux, 10)

Schäfer, Ernst. El Consejo Real y Supremo de las Indias. Sevilla, Imp. M. Carmona, 1935–47. 2 v.

Scholes, Walter V. The Diego Ramírez visita. Columbia, University of Missouri, 1946. 97 p. (University of Missouri Studies, v. 20, no. 4)

Sherman, William L. Dissent among the bishops of Central America on Indian policy. [1973] 22 p.

Unpublished paper given at the annual meeting of the American Historical Association, San Francisco, 1973.

—— Indian slavery and the Cerrato reforms. Hispanic American historical review, v. 51, Feb. 1971: 25–50.

Simpson, Lesley Byrd. Studies in the administration of the Indians in New Spain: 4. The emancipation of the Indian slaves and the resettlement of the freedmen, 1548–1553. Berkeley, Calif., University of California Press, 1940. 43 p. (Ibero-Americana, 16)

Tellechea Idígoras, José Ignacio. Las Casas y Carranza: una página amistosa olvidada. *In his* Arzobispo Carranza y su tiempo. [t.] 2. Madrid, Ediciones Guadarrama [1968] p. [13]–62.

Wagner, Henry Raup, *and* Helen Rand Parish. The life and writings of Bartolomé de las Casas. Albuquerque, University of New Mexico Press [1967] xxv, 310 p.

*Also issued as* Documents and Narratives Concerning the Discovery and Conquest of Latin America, new ser., no. 5 (Berkeley, Calif., Cortés Society, Bancroft Library, 1967).

Warren, J. Benedict. Vasco de Quiroga, litigious bishop. [1973] 10 p.

Unpublished paper given at the annual meeting of the American Historical Association, San Francisco, 1973.

Weidman, Harold E. *See* Parish, Helen Rand

Ybot León, Antonio. La Iglesia y los eclesiásticos españoles en la empresa de Indias. [t.] 2. La obra y sus artífices. Barcelona, Salvat [1963] xvi, 1141 p. (Historia de América y de los pueblos americanos, t. 17)

## NOTA BENE

A significant new essay studies Bishop Las Casas and the reform of the episcopate "in capite et membris": (*Un valioso ensayo nuevo estudia al Obispo Las Casas y la reforma del episcopado "in capite et membris":*)

Cantú, Francesca. Per un rinnovamento della coscienza pastorale del cinquecento: Il vescovo Bartolomé de las Casas ed il problema indiano. *In* Annuario del Istituto Storico Italiano per l'età moderna e contemporanea. v. 25–26 (1973–74). Roma, 1976. p. [1]–118.

# Index

The letters "a" or "b" following a page number indicate whether the citation appears in the left or right column.

# Indice Analítico

Las letras "a" o "b" agregadas al número de la página indican si la cita se halla en la columna izquierda o derecha.

40

☆ U.S. GOVERNMENT PRINTING OFFICE: 1980 O—252-924

f
E
125
C4
P35